進化

# Evolution: A Very Short Introduction

U0118342

Evolution: A Very Short Introduction

# 進化

布賴恩·查爾斯沃思、狄波拉·查爾斯沃思 著
(Brian and Deborah Charlesworth)

舒中亞 譯

**OXFORD**
UNIVERSITY PRESS

# OXFORD
### UNIVERSITY PRESS

Oxford University Press is a department of the University of Oxford.
It furthers the University's objective of excellence in research, scholarship,
and education by publishing worldwide. Oxford is a registered trade mark of
Oxford University Press in the UK and in certain other countries

Published in Hong Kong by
Oxford University Press (China) Limited
39/F, One Kowloon, 1 Wang Yuen Street, Kowloon Bay, Hong Kong

進化

布賴恩·查爾斯沃思、狄波拉·查爾斯沃思 著

舒中亞 譯

ISBN: 978-0-19-083703-7

1 3 5 7 9 10 8 6 4 2

English text originally published as *Evolution: A Very Short Introduction*
by Oxford University Press © Brian and Deborah Charlesworth 2003

獻給
John Maynard Smith

# 鳴　謝

We thank Shelley Cox and Emma Simmons of Oxford University Press for respectively suggesting that we write this book and for editing it. We also thank Helen Borthwick, Jane Charlesworth, and John Maynard Smith for reading and commenting on the first draft of the manuscript. All remaining errors are, of course, our fault.

# 目　錄

# 圖片鳴謝

The publisher and the author apologize for any errors or omissions in the above list. If contacted they will be pleased to rectify these at the earliest opportunity.

# 第一章
# 引言

蔔萄者兮，與我何異；

彼猿吾人，兄弟血親。

托馬斯‧哈代Thomas Hardy《飲酒歌》

科學界存在着這樣一個共識：地球是一顆行星，它環繞着一顆非常典型的恒星運動，這顆恒星是銀河系中數以億計的恒星之一，銀河系又是不斷擴張的浩瀚宇宙中數以億計的星系之一，而宇宙起源於約140億年前。大約46億年前，由於塵埃與氣體的引力凝聚過程，地球產生了；這個過程也產生了太陽以及其他太陽系的行星。早於35億年前，在純粹的化學變化中產生了能自我複製的分子們，所有現存生命都是它們的後代。在達爾文所謂的「後代漸變」過程中，生命漸次形成，通過一個枝蔓叢生的譜系——生命之樹——彼此關聯。我們人類與黑猩猩及大猩猩的親緣關係最為緊密，在600萬–700萬年前，我們與它們有着共同的祖先。我們所屬的哺乳類動物，與現存的爬行類動物在約3億年前也具有共同的祖先。所有的脊椎動物(哺

乳類、鳥類、爬行類、兩棲類、魚類)都能追根溯源到一種生活在5億多年前、小小的像魚一樣、缺少脊柱的生物。再往前追溯，辨明動物、植物以及微生物的類群之間的關係變得愈加困難。但是，就像我們將要看到的那樣，在它們的遺傳物質中，有清晰而鮮明的印跡表明它們有共同的祖先。

距今不到450年，所有的歐洲學者還都相信地球是宇宙的中心，而宇宙的大小最多不過幾百萬英里，太陽以及其他星球都圍繞着地球這個中心運動。距今不到250年，他們還認為宇宙是在6000年前被創造出來的，而它自創世之後就再無本質變化，儘管當時人們已經了解到地球與其他行星一樣，是圍繞着太陽轉動，也廣泛接受了宇宙比他們之前所了解的要大得多這一事實。距今不到150年，科學家們普遍接受了地球當前的狀態是由至少數千萬年的地質變遷形成的這一觀點，但是生命是上帝的特別創造這一觀念依然是主流思想。

在不到500年間，科學方法大行其道，我們通過實驗與觀測進行推理，而不再求助於宗教權威或者統治權威，這徹底改變了我們對於人類起源以及人與宇宙關係的觀念。在開啟了一個具有內在魅力的全新世界的同時，科學也深刻影響了哲學與宗教。科學的發現表明了人類是客觀力量的產物，而我們所居住的世界只是浩瀚悠久的宇宙一個很小的組成部分。基於上述

觀點，我們才能探索了解宇宙——這是整個科學研究計劃的基礎假設，無論科學家們自身有着怎樣的宗教或哲學信仰。

科學研究計劃取得了令人矚目的成功，這是毋庸置疑的，特別是在20世紀這個恐怖事件在人類社會中頻頻發生的時代。科學的影響或許間接地推動了這些事件——一方面通過大規模工業社會的興起所觸發的社會變革，另一方面通過對傳統信仰體系的削弱侵蝕。然而，我們也可以說，人們本可以運用理性阻止人類歷史上諸多悲劇的發生，20世紀的災難源自理性的缺失而非理性的失敗。正確運用科學來認識我們所生存的世界，這是人類未來的唯一希望。

進化論的研究已經揭示了我們與地球上棲息的其他物種之間緊密的聯繫，只有對這種聯繫保持尊重，才能避免全球性的大災難的發生。自140多年前達爾文與華萊士發表本領域的首批著作以來，生物進化論蓬勃發展。本書的目的在於向大眾讀者們介紹一些進化生物學中最重要也最基礎的發現、概念以及規程。進化論為整個生物學提供了一套統一的法則，也闡明了人類與宇宙及人與人之間的聯繫。此外，進化論的許多方面還有實際的價值，比如當前緊迫的醫學問題，正是由於細菌對抗生素、愛滋病病毒對抗病毒藥物快速進化出的抗藥性所導致的。

在本書中，我們首先介紹進化論的主要因果過程

(第二章);第三章介紹了一些基本的生物背景知識,同時也展示了我們如何在進化層面理解生物之間的相似性;第四章描述了那些源自地球歷史、源自現存物種地理分佈樣態的進化論證據;第五章關注自然選擇之下的適應性進化;第六章則關注新物種的進化以及物種間差異的進化;在第七章中,我們將討論一些對進化理論來説看似困難的問題;第八章則是一個簡要的總結。

# 第二章
# 進化的過程

　　為了對地球上的生命有所了解，我們需要知道動物(包括人類)、植物以及微生物是如何運作的，並最終歸結到構成它們運作基礎的分子過程層面。這是生物學的「怎麼樣(how)」問題；在過去的一個世紀裏，對於這個問題已有大量的研究，並取得了令人矚目的進步。研究成果表明，即便是能夠獨立生存的最簡單生物——細菌細胞，也是一台無比精密複雜的機器，擁有成千上萬種不同的蛋白質分子；它們協同作用，提供細胞生存所必須的功能，並分裂產生兩個子細胞(見第三章)。在更高等的生物如蒼蠅或人類中，這種複雜性還會增大。上述生物的生命從一個由精子與卵細胞融合形成的單細胞開始，然後發生一系列受到精密調控的細胞分裂過程，與之相伴的是分裂產生的細胞分化成為多種不同的形態。發育的過程最終產生的是由不同組織與器官構成、具有高度有序結構、能夠完成精細行為的成熟生物。我們對形成這種結構與功能複雜性的分子機理的了解正在快速進步。儘管還有許多尚待解決的問題，生物學家們相信，即使是生物中最

為複雜的特性，比如人類的意識，也是化學與物理過程運行的反映，而這些過程能夠被科學方法分析及探索。

從單個蛋白分子的結構與功能，到人類大腦的組成，在各級結構中我們都能看到許多適應的例證，這種結構對功能的適應與人類設計的機器有着異曲同工之妙(見第五章)。我們同樣能看到，不同的物種具有相互迥異的特徵，這些特徵通常清晰地反映了它們對於棲息環境的適應。這些觀察的結果引出了生物學的「為什麼(why)」問題，涉及那些讓生物體成為它們如今狀態的過程。在「進化」的概念出現之前，大部分的生物學家在回答這一問題時，可能都會歸因於造物主。「適應」這個詞是18世紀英國的神學家引入的，他們認為，生物體特徵中的精心設計的表象證明了一個超自然的設計師的存在。儘管這個理論被18世紀中葉的哲學家大衛·休謨(David Hume)證明具有邏輯缺陷，但在其他可供選擇的可靠理論出現前，它依然在人們的思想中佔有一席之地。

進化論思想引出了一系列自然過程，它們能夠解釋生物物種龐大的多樣性，以及那些使生物較好適應棲息環境的特徵，而不用訴諸超自然力量。這些解釋自然也適用於人類本身的起源，這使得生物進化論成為一門最引人爭議的科學。然而，如果我們不帶任何偏見來看待這些問題，可以認為，支持進化是一個真

實存在的過程的證據與其他確立多年的科學理論，如物質的分子特性(見第三、四章)一樣，非常堅實可靠。有關進化的成因，我們同樣有一系列已被充分驗證的理論。不過，與所有健康發展的科學一樣，在進化論中，同樣存在尚待解決的問題，同時隨着了解的深入，許多新的問題也在不斷湧現(見第七章)。

生物的進化包括隨着時間的推移生物種群特徵所發生的變化。這種變化的時間尺度與大小的波動範圍非常大。進化的研究可以完成於一個人的一生中，在此期間單一的特徵發生了簡單改變，例如為了控制細菌感染而廣泛使用青黴素，在幾年之內對青黴素有拮抗作用的菌株出現頻率將會升高(第五章會討論這一問題)。在另一個極端，進化也包括重要的新物種誕生這樣的事件，這也許將花費幾百萬年的時間，需要許多不同特徵的改變，例如從爬行動物向哺乳動物的轉變(見第四章)。查爾斯·達爾文(Charles Darwin)與華萊士(Alfred Russel Wallace)這兩位進化論學說創始人的一個關鍵見解就是：各個層次的變化都可能包含同樣類型的過程。進化方面的重要變化主要反映的是相同類型的微小改變經過長時間的積累造成的變化。

進化方面的改變最終要依靠生物體出現新的變化形態：突變。突變是由遺傳物質的穩定變化造成的，由親本傳遞給子代。實驗遺傳學家們已經研究了許多不同生物中幾乎所有能夠想到的特徵的突變，醫學遺

傳學家們業已列明人類種群中出現的數以千計的突變類型。生物表觀特徵上的突變結果差異很大。有一些突變並沒有可觀察到的表型，只是由於現在已經可以直接對遺傳物質結構進行研究，人們才覺察到它們的存在(我們在第三章中將描述這一點)；另一些突變則是在某個簡單特性上具有相對較小的影響，例如眼睛的顏色由棕色變成藍色，某些細菌獲得了針對某種抗生素的抗藥性，或是果蠅體側剛毛數量發生了改變。某些突變則對於生物發育具有極其顯著的影響，例如黑腹果蠅的一種突變使得它的頭部本該長觸角的地方長出了一條腿。任何特殊類型的新突變的出現都是一個小概率事件，大概頻率為在一代裏10萬個之中才出現一個，甚至還要更少。突變造成了一個特徵的改變，例如抗生素耐藥性，最初發生在單個個體之中，通常在許多代裏這些變化被限制在一個很小的比例。為了達到進化方面的改變，需要有其他過程引發它在種群中頻率的上升。

自然選擇是進化改變的過程中最重要的一步，這些改變包括生物的結構、功能以及行為等方面(見第五章)。在1858年發表於《林奈學會議程學報》的論文中，達爾文與華萊士通過以下觀點詳述了他們的自然選擇進化理論：

· 一個物種會產生大量後代，遠超出能夠正常存活

到成熟期及繁殖期的數量，因此存在着生存競爭。

· 在種群的諸多特徵中存在着個體變異，其中的一些可能會影響個體生存與繁殖的能力。因此某一代中成功繁殖的親本可能與種群整體存在不同。

· 這些變異中的很大一部分可能具有遺傳組分，因此成功親本的子代特徵將與上代的種群不同，而更接近於它們的親本。

如果這個過程在每一代間繼續，種群將出現漸進式的轉變，由此與更強生存能力或更高繁殖成功率相關的特徵的出現頻率將隨時間變化而升高。這種特徵的改變起源於突變，但是影響單一特徵的突變在任何時間都會出現，無論它是否會被自然選擇所青睞。事實上，大部分的突變或是對於生物體沒有影響，或是將降低生物生存或者繁殖的能力。

對於這種提高了生存或繁殖成功率的變異體而言，它的頻率上升過程解釋了適應性特徵的進化，因為更強壯的身體或更好的表現通常能夠提高個體生存或繁殖的成功率。當一個種群處於多變的環境中，這種變化過程尤其可能發生；在這種環境下，相較於那些已經被自然選擇所確定的特性而言，一系列多少有些不一樣的特徵更容易受到青睞。正如達爾文在1858年所寫的那樣：

但是一旦外部環境改變……現在，每個個體都必須在競爭中尋求生存，任何一個能夠使得個體更好適應新環境的結構、習性或本能上的微小變異，都將對個體的活力與健康造成影響，這是毋庸置疑的。在競爭中，這樣的個體有着更好的生存機會；而遺傳了這些變異——儘管如此微小——的後代，也同樣具有更好的生存機會。年復一年，出生個體多於存活個體；天平中最細小的顆粒最終會決定誰將死亡，而誰又將生存。一手是自然選擇，一手是死亡，在一千代之後，沒有人能對它造成的影響視若無睹……

然而，同時存在另一種重要的進化改變機制，它解釋了物種如何同樣能夠在對個體的生存或者繁殖成功率幾無影響的性狀上產生不同，這種機制因此不服從自然選擇理論。正如我們將在第六章看到的那樣，這種機制在遺傳物質大類上的改變中尤其可能存在，這些改變對於機體的結構或功能幾無影響。即使存在選擇中性變異，因此通常情況下不同個體的生存或繁殖不存在差異，子代也依然可能與親代存在細微差別。這是因為，在缺少自然選擇的情況下，子代種群的基因是從親代種群基因抽取的一個隨機樣本。真實種群的大小是有限的，於是子代種群的構成將與親代

存在隨機差異，正如我們在拋10次硬幣時，不會期望正好獲得5次正面和5次背面。

這種隨機變化的過程叫作遺傳漂變。即使是最大的生物種群，例如細菌的種群，也是有限的，因此遺傳漂變總是能夠起作用。

突變、自然選擇與遺傳漂變的隨機過程共同導致了種群組成的改變。在經歷了足夠長的一段時間後，這種累積效應改變了種群的基因組成，於是使得物種的特徵與其祖先有了極大的差別。

我們在前文中提到了生命的多樣性，這種多樣性反映在了現存數量龐大的物種上。(有更多的物種在過去的年代裏曾經存在過，但是正如第四章將描述的，滅絕是幾乎所有物種的宿命。)新物種如何進化無疑是一個重要的問題，我們將在第六章中進行討論。要定義「物種」這個詞非常困難，想要在同一物種的種群與不同物種的種群間劃出清晰的界線，有時也很困難。從進化角度看，當進行有性生殖的兩個種群的生物體之間無法雜交，由此它們的進化軌跡完全獨立，則可以認為它們是不同的物種，這種說法是有道理的。因此，居住在世界上不同地方的人類種群毫無疑問屬於同一物種，因為如果有其他地區的移民到來，他們之間不存在雜交繁殖障礙。這種移民行為有助於防止同一物種的不同種群間的基因組成差異過大。與

之相反，黑猩猩與人類顯然就是不同物種，因為居住在同一地區的人類與黑猩猩之間不能夠進行雜交繁殖。正如我們將在後文中提到的，人類與黑猩猩在遺傳物質的組成上的差異同樣要比人類本身之間的差異大得多。一個新物種的形成必然包括關聯種群間雜交繁殖障礙的進化。一旦這種障礙形成，種群的發展將在突變、選擇及遺傳漂變的影響下產生分化。這種分化的過程最終導致生物的多樣性。如果我們理解混合生殖障礙如何進化，種群又如何在之後發生分化，我們將理解物種的起源。

在進化論的這些觀點的支持下，數量龐大的生物數據變得逐漸明朗。同時，正如天文學家與物理學家模擬恒星、行星、分子及原子的行為以求更徹底地了解它們，並給予自己的理論精細的檢驗，能夠進行精確模擬的數學理論的發展也使得進化論有了堅實的基礎。在更加具體地描述進化論的機制(但省略數學過程)之前，我們將在下面兩章中展示進化論如何使得眾多不同類型的生物發現變得有意義，與神創論的難以自圓其說形成鮮明對比。

第三章
# 進化的證據：生物間的相似與差異

　　進化論對生命的多樣性做出了解釋，其中包括動物、植物、微生物的不同物種間眾所周知的差異；同時也解釋了它們最基礎的相似性。這些相似性通常在外部可見的特徵這一表面層級上較為明顯，同時也延伸至顯微結構與生化功能中最精密的細部。我們將在本書的後文(第六章)中對生物的多樣性進行討論，同時闡述進化論如何解釋「青出於藍而勝於藍」這一現象。但是，本章我們將着眼於生物的整體。此外，我們將介紹許多基本的生物學常識，後文的幾章內容，正是建立在這些基本常識之上。

## 不同物種類別間的相似性

　　生物——即使是截然不同的生物——之間，在各種層面上都存在相似性。從我們熟悉的、外形上可見的相似，到更為深遠的生命周期的相似，以及遺傳物質結構的相似。即使在兩種有着天壤之別的物種，如我們人類與細菌間，這些相似性都可以被清晰地探測到。基於以下理論，即生物都源自一個共同的祖先，

它們在進化的過程中彼此產生聯繫，我們可以對這些相似性進行簡明而自然的解釋。人類本身與猩猩有着顯而易見的相似性，如圖1A所示，包括內部特徵，例如我們的大腦結構與組成的相似性。我們與猴子之間存在較小一些的相似性，甚至與其他哺乳動物間，儘管我們之間有那麼多不同，也存在更小、不過依然十分明確的相似性。哺乳動物與其他脊椎動物相比，也存在許多相似之處，包括它們骨胳的基本特徵，以及它們的消化、循環和神經系統。更讓人驚奇的是我們與一些生物，例如昆蟲之間存在的相似性(比如昆蟲分節的軀幹、它們對於睡眠的需求、它們睡眠與蘇醒的日常節律的控制)，以及不同物種間神經系統作用的根本相似性。

生物分類系統長久以來都基於易於觀察的結構特點。例如，早在生物科學研究開始之前，昆蟲就被認為是一類相似的生物；它們擁有分節的軀幹、六對多節的足、堅固的外在保護殼等，這些使得它們與其他種類的無脊椎動物(例如軟體動物)有着顯著的區別。這其中的許多特徵也存在於其他種類的動物身上，例如螃蟹和蜘蛛，只不過它們擁有不同數量的足(對於蜘蛛而言，這個數量是八條)。這些不同的物種都被歸入同一個更大的分類之中，即節肢動物。昆蟲是節肢動物的一類，而在昆蟲之中，蠅類又組成了一小類，特徵就是它們都只有一對翅，同時還有其他共有的特徵。

蝴蝶與蛾子形成了另外一個昆蟲類別，這一類中的成員們兩對翅上都有着精細的結構。在蠅類之中，我們依據共有的特徵，將家蠅及它們的近親與其他成員區分開來；在它們之中，我們又命名單個物種，例如最常見的家蠅。物種究其本質而言，即一群相似的能夠彼此雜交繁殖的個體的集合。相似的種被劃歸進同一個屬，同樣地，同一個屬中的生物都擁有一系列其他屬所不具有的特性。生物學家通過兩個名字確定每一個可鑒別的物種——屬名，然後是該物種本身的種名，例如智人(*Homo sapiens*)；這些名字依據慣例採用斜體書寫。

生物可以被逐級歸入不同類別，隨着歸類的細化它們之間所共有的且其他類別的生物不具有的特徵也越來越多——這一發現是生物學上的一個重大的進步。不同生物物種的劃分，以及物種的命名體系，在達爾文之前很久就出現了。在生物學家開始思考物種的進化問題之前，對物種有一個清晰而具象的概念顯然是非常重要的。對於生物這種分層次的相似性最簡單也最自然的解釋即，生物隨着時間推移不斷進化，自原始祖先開始不斷多樣化，形成了今天現存的生物類群，以及數不勝數的已滅絕生物(見第四章)。如我們將在第六章討論的，如今可以通過直接研究它們遺傳物質中的信息，對生物類群間這種推測的譜系關係進行判斷。

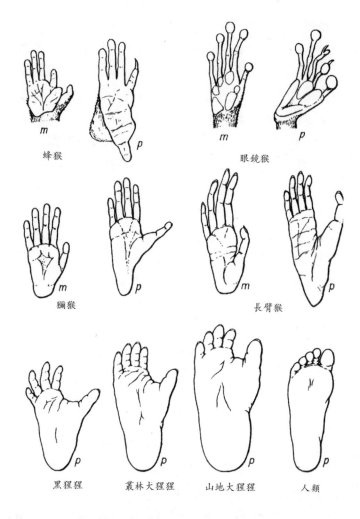

*m* 蜂猴 *p*

*m* 眼鏡猴 *p*

*m* 獼猴 *p*

*m* 長臂猴 *p*

黑猩猩 *p*

叢林大猩猩 *p*

山地大猩猩 *p*

人類 *p*

圖1 A.　一些靈長類動物的手(m)與腳(p)，展示了不同物種間的相似性，以及與動物生活方式相關的差異，例如樹棲的物種有着與其他趾相對的趾(蜂猴和眼鏡猴是原始樹棲類靈長動物)。

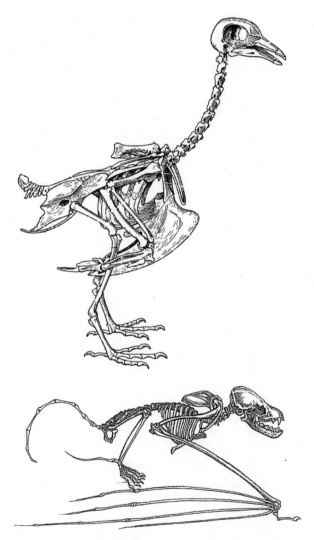

圖1 B.　鳥類與蝙蝠的骨胳，圖中展示了它們之間的相似與差異。

另外一系列能夠強有力地支持進化論的事實是：在不同物種中，存在同一結構的不同特化(modification)。例如，蝙蝠與鳥類翅膀的骨胳清晰地說明它們都屬於特化的前肢，儘管它們與其他脊椎動物的前肢看起來截然不同(圖1B)。類似地，儘管鯨的上肢看起來非常像魚類的鰭，同時也顯然非常適合游泳，它們的內在結構卻與其他哺乳動物的足相似，除了趾的數目多了一些。結合其他證明鯨是哺乳動物的證據(例如它們用肺呼吸、給幼崽哺乳)，這一事實也就合情合理。化石證據證明，陸生脊椎動物的前肢與後肢源自肉鰭魚類的兩對鰭(肉鰭魚類中最著名的現存生物代表是腔棘魚，見第四章)。而最早的陸生脊椎動物化石，也確實有多於五個的趾，就像魚類與鯨。另一個例子是哺乳動物耳朵中的三塊聽小骨，它們負責把外界的聲音傳輸給將聲音轉換為神經信號的器官。這三塊微型的骨頭最初發育自胚胎時期的下頜與顱骨，在爬行動物中它們隨着發育逐漸擴大，最終形成頭部與下頜骨胳的一部分。連接爬行動物與哺乳動物的化石紐帶展示了這三塊骨頭在成年個體中連續的進化與變形，最終進化成為聽小骨。在不同功能需求的作用下，相同的基本結構在進化過程中發生了顯著的變化——類似的例子比比皆是，以上例子只是眾多已知事例中的一小部分。

## 胚胎發育與痕跡器官

胚胎發育也為不同生物間的相似性提供了許多醒目的證據，清晰地顯示了來自共同祖先的傳承。不同物種的胚胎形成通常呈現驚人的相似，儘管它們的成熟個體千差萬別。例如，在哺乳動物發育的某一階段，會出現類似魚類胚胎的鰓裂(圖2)。如果我們是源自類似魚類的祖先，那麼這一切都有了很好的解釋，否則這一現象將十分令人費解。正是由於成熟個體的結構需要使生物個體適應其所生存的環境，它們極有可能被自然選擇所改造。可能發育中的血管需要鰓裂的存在，以引導它們在正確的部位形成，因此這些結構依然保留着，甚至在那些從不需要鰓功能的動物身上。然而，發育是能夠進化的。在其他很多細節上，哺乳動物的發育與魚類有着顯著區別，因此其他在發育過程中影響不那麼深遠的胚胎結構，逐漸地消失了，取而代之的是新的結構。

相似性並不僅僅局限在胚胎階段。痕跡器官長久以來也被認為是現代生物的遠古祖先功能器官的殘餘結構。它們的進化非常有趣，因為這些實例告訴我們進化並不總是創造、改進結構，它們有時也會削減結構。人類的闌尾是一個典型的例子。作為消化道的一部分，闌尾在人體之中已經被大大縮減，而在猩猩身上，這部分依然巨大。在無腿動物身上出現退化的肢，這一例子也為人們所熟知。在發現的原始蛇化石

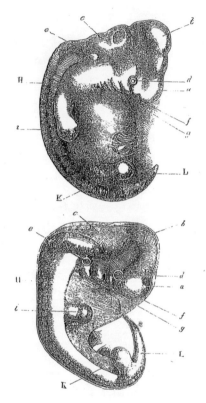

上圖為人類胚胎(來自Ecker)；下圖為狗的胚胎(來自Bischoff)。

a. 前腦、大腦半球等　　　　g. 第二腮弓
b. 中腦、四疊體　　　　　　h. 發育中的脊椎和肌肉
c. 後腦、小腦、延骨髓　　　i. 前肢
d. 眼　　　　　　　　　　　k. 後肢
e. 耳　　　　　　　　　　　l. 尾或尾骨
f. 第一腮弓

圖2　人類與狗的胚胎，展現了它們在這一發育階段最重要的相似性。在圖中可以清楚看到鰓裂(標出了鰓弓f與g)。來自達爾文的《人類起源與性選擇》(1871)。

之中，它們具有幾乎完整的後肢，說明蛇是由有腿的、類似蜥蜴的祖先進化而來的。現代蛇的身體由一個瘦長的胸廓(胸部)以及眾多脊椎骨(蟒蛇的脊椎骨超過300塊)組成。對於蟒蛇而言，不帶肋骨的脊椎骨標誌着軀幹與尾部的分界，也正是在這個部位發現了退化的後肢。在這個後肢中，有骨盆帶與一對縮短了的股骨，它們的發育過程遵循了其他脊椎動物的正常軌跡，表達着通常控制四肢發育的相同基因。移植蟒蛇的後肢組織甚至能夠促使雞的翅膀形成額外的指，說明這部分後肢的發育系統依然存在於蟒蛇體內。然而，其他進化更加完全的種類的蛇，則徹底無肢。

## 細胞與細胞功能的相似性

不同生物間的相似性並不局限在可見的特徵中。它們根深蒂固，深入到最細小的微觀層面以及生命最基礎的層面。一切動物、植物及真菌都具有一個基本特點，即它們的組織是由本質上相似的基本單元——細胞所組成的。細胞是所有生物體(病毒除外)的基礎，從單細胞的細菌與酵母，到擁有高度分化組織的多細胞個體如哺乳動物。真核生物(所有非細菌的細胞生命)的細胞由細胞質與細胞核組成，在細胞核中包含了遺傳物質(圖3)。細胞質並不只是包裹在細胞膜內的供細胞核漂浮其中的簡單液體，它含有一系列複雜的微小結構，其中包括許多亞細胞結構。其中兩種最重

要的細胞器是產生細胞能量的線粒體，以及綠色植物細胞中進行光合作用的葉綠體。現在，人們已經了解到，這兩種細胞器都來源於侵入細胞並與細胞融合、成為其重要組成部分的細菌。細菌也是細胞(圖3)，但是相較而言，細菌細胞更簡單，沒有細胞核與細胞器。它們與和它們類似的生物被統稱為原核生物。作為唯一一種非細胞形態的生物，病毒寄生於其他生物的細胞中進行繁殖。病毒僅由一個蛋白質衣殼及它所包裹的遺傳物質組成。

細胞是非常微小而又高度複雜的工廠，它們生產生物體所需的化學物質、從食物原料中產生能量、形成生物結構(例如動物的骨頭)。這些工廠裏大部分的「機器」及許多的結構是蛋白質。一些蛋白質是酶，它們結合化學物質並在其上完成反應，比如像化學剪刀一樣將一種化合物分解成為兩種化合物。生物洗滌劑中的酶能夠將蛋白質(如血跡或汗漬)分解為小片，從而使污漬能從髒衣服上被洗去；類似的酶存在於我們的消化道中，它們將食物中的大分子分解為更小的分子，從而能被細胞所吸收。生物體中的其他蛋白質還具有儲存或運輸的作用。紅細胞中的血紅蛋白能夠運送氧氣，肝臟中的一種被稱為鐵蛋白的蛋白質能夠結合並儲存鐵元素。同時也存在結構蛋白，例如組成皮膚、毛髮以及指甲的角蛋白。另外，細胞還產生向其他細胞或器官傳遞信息的蛋白質。激素是常見的交

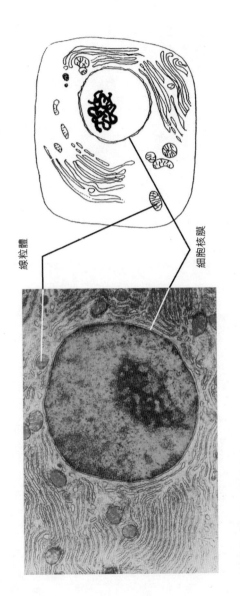

綠粒體

細胞核膜

**圖3 真核生物與原核生物細胞。**
A. 哺乳動物膜膜細胞電子顯微鏡照片與示意圖，展示了核膜內包裹著染色體的細胞核，細胞核外的區域含有許多綠粒體（這些細胞膜細胞器也有包住它們的膜）；以及膜狀的結構，它們參與與蛋白質合成與輸出，並將化學物質運入細胞。綠粒體的體積略小於細菌細胞。

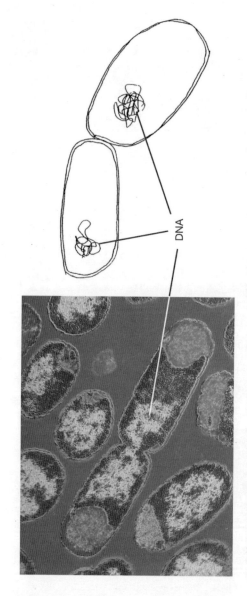

DNA

B. 細菌細胞的電鏡照片及示意圖，展現了它簡單的結構：一層細胞壁與未包裹於細胞核中的DNA（脫氧核糖核酸）。

流蛋白，它們隨着血液循環流動，控制眾多的機體功能。另外一些蛋白質分佈在細胞的表面，參與同其他細胞的交流。這些互動交流包括使用信號控制發育過程中的細胞行為、受精過程中卵子與精子間的交流以及免疫系統對寄生生物的識別等。

就像任何其他工廠一樣，細胞受複雜機制的調控。它們對來自細胞外的信息進行響應(依靠橫跨細胞膜的蛋白質，就像一個匹配外來分子的鎖眼，見圖4)。感覺感受器蛋白，例如嗅覺感受器及光學感受器，被用於細胞與環境間的信息交流。來自外界的化學信號與光學信號被轉換成為電脈衝，沿着神經傳導到大腦。迄今為止，所有已被研究過的動物在進行化學與光學感受時使用的蛋白質大體上都是相似的。為了說明在不同生物的細胞間發現的相似性，我們選取在蒼蠅的眼睛與人類的耳朵中都存在的肌球蛋白(類似肌肉細胞中的蛋白質)為例，這種蛋白的基因突變會造成耳聾。

生化學家們已經將生物體中的酶劃分成了許多不同類別，在一個全球性的編碼系統中，每一種已知的酶(在像人類這種複雜動物體內，存在成千上萬種酶類)都有一個編碼。由於在種類極廣的生物的細胞中存在如此多的酶類，因此這個系統對酶的歸類依據的是它們的功能而不是它們來源的生物。其中的一些，例如消化酶，負責將大分子分解成為小片段；一些其他的

酶，負責將小分子聚合在一起；另外一些則負責氧化化學物質(將化學物質與氧氣結合)，等等。

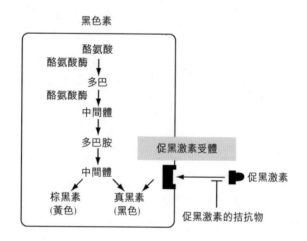

圖4　在哺乳動物的黑色素細胞中，從氨基酸前體——酪氨酸合成黑色素與一種黃色素的生物途徑。這個途徑中的每一個步驟都由一種不同的酶催化。有效酪氨酸酶的缺失將會導致動物的白化病。促黑激素受體決定了黑色素與黃色素的相對量。這種激素的拮抗物的缺失將導致黑色素的形成，但這種拮抗物的存在「關閉」了該受體，導致了黃色素的形成。這就是虎斑貓以及棕毛鼠毛髮中黃色與黑色部分形成的原因。讓拮抗物失去作用的突變導致了更深的毛色；然而，黑色動物並不總是由這個作用產生，有些只是由於它們的受體一直保持在「開啟」的狀態，無論它們的激素水平是高還是低。

　　將食物轉化成為能量的方式在各種類型細胞中都大體相同。在此過程中，存在一個能量的來源(在我們的細胞中是糖或脂肪，但對於某些細菌而言，是其他

化合物，例如硫化氫)。細胞通過一系列化學步驟分解最初的化合物，其中的某些步驟釋放出能量。這種代謝途徑就如同一條流水線，包含一連串的子流程。每個子流程都由它們自己的蛋白質「機器」完成，這些蛋白質「機器」就是這個代謝過程中不同步驟所對應的酶。相同的代謝途徑在許多生物中都產生作用，在現代的生物學課本中介紹那些重要的代謝途徑時，不需要去指明某種具體的生物。例如，蜥蜴在奔跑後感到疲倦，這是由於乳酸的堆積產生的，就像我們的肌肉中出現的情形一樣。除了從食物中產生能量，細胞中同樣存在着生產許多不同化學物質的代謝途徑。例如，一些細胞產生毛髮，一些產生骨骼，一些產生色素，另外一些產生激素，等等。對於表皮的黑色素而言，不管是對於我們人類、其他哺乳動物，還是翅膀具有黑色素的蝴蝶，甚至是酵母(例如黑色孢子)，其產生的代謝路徑都是相同的，而這個代謝路徑中所使用的酶也被植物用於生產木質素(它是木材的主要化學成份)。從進化角度思考，從細菌到哺乳動物，代謝途徑基本特徵的根本相似性再一次變得很容易理解與接受。

這些細胞及身體功能中的每一種不同蛋白質都是由生物基因中的一種決定的(我們將在本章後文中詳細解釋)。而酶是所有生化途徑發生作用的基礎。如果在代謝途徑中任何一種酶失去作用，將不能產生最終

產物，就像流水線上的一環發生問題，產品就無法生產一樣。例如，白化病突變是由於一種產生黑色素所必需的酶缺失造成的(圖4)。阻斷生產途徑中的某一環是調節細胞產物的有效方法，因此細胞中存在着抑制劑，用來進行這種調節，正如前文黑色素生產中調節的例子。在另一個例子中，組織中存在着形成凝血塊的蛋白質，然而在呈溶解態時，只有在這種前體物質的一部分被切除之後才會形成血塊。負責切除的酶同樣存在於組織中，但通常呈休眠狀態；當血管遭到破壞時，因子被釋放出來改變這種凝血酶，因此它立刻被激活，導致了蛋白的凝結。

圖5

A. 肌紅蛋白(一種與紅細胞中的血紅蛋白相似的肌肉蛋白)的三維結構，圖中可見蛋白質長鏈中所包含的氨基酸，編號為1至150，以及蛋白質中含鐵的血紅素分子。血紅素結合氧氣或二氧化碳，而這個蛋白的作用就是運輸這些氣體分子。

B. DNA結構，DNA是大多數生物遺傳物質的載體分子。它包含兩條互補鏈，相互環繞呈螺旋狀。每一條鏈的主幹由脱氧核糖分子(S)構成，通過磷酸分子(P)彼此相連。每個脱氧核糖分子對應一種被稱作核苷酸的分子，它們構成了遺傳學字母表的「字母」。存在四種類型的核苷酸：腺嘌呤(A)，鳥嘌呤(G)，胞嘧啶(C)，胸腺嘧啶(T)。正如在雙螺旋結構中所見，一條鏈上每種特定的核苷酸與另一條鏈上對應的核苷酸互補。這種配對的原則是：A與T對應，而G則與C對應。在細胞分裂過程中當DNA進行複製時，雙鏈解開，遵循着上述對應原則，一個互補的子鏈將從各自的母鏈中產生。由此，在母鏈中A與T配對的位置將在子鏈中也同樣為T與A。

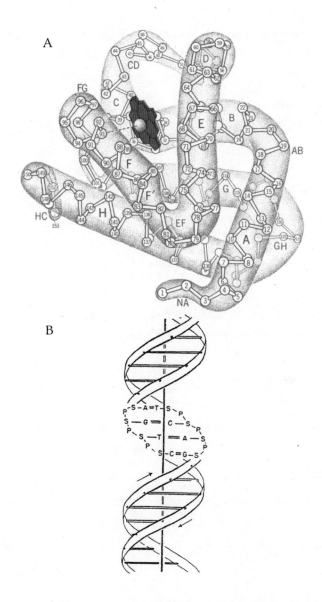

A

B

蛋白質是由幾十至幾百條氨基酸亞單元之鏈構成的大分子，這些氨基酸單鏈與相鄰的氨基酸相連，形成了蛋白鏈(圖5A)。每個氨基酸都是一個相當複雜的分子，擁有它們各自的化學特性與大小。在生物體的蛋白質中共使用了20種不同的氨基酸；特定的蛋白質，例如紅細胞中的血紅蛋白，具有一組有特定序列的氨基酸。一旦有了正確的氨基酸序列，蛋白質鏈就折疊成為功能蛋白的形狀。蛋白質複雜的三維結構完全是由構成它們蛋白鏈的氨基酸序列決定的；而氨基酸序列則完全由生產此種蛋白的DNA的序列決定(圖5B)——這一點我們即將詳述。

對於不同的物種中相同的酶或蛋白質三維結構的研究表明，進化上差距極大的物種，例如細菌與哺乳動物間，儘管它們的氨基酸序列已經發生了巨大的改變，它們的蛋白結構經常存在相當大的相似性。我們在前文中提到的肌球蛋白就是一個例子，它在蒼蠅的眼睛與哺乳動物的耳朵中都參與了信號傳導。這種基本的相似性意味着(儘管十分令人驚訝)，在酵母細胞中，往往可以通過引入具有相同功能的植物或動物基因而對代謝的缺陷進行糾正。通過細胞內一段人類基因的表達，具有由突變引起的銨鹽攝取缺陷的酵母細胞被「治愈」了(這段基因用來編碼Rh血型功能蛋白RhGA，該蛋白可能具有相應的功能)。野生型(未突變)酵母細胞中的這種蛋白與人類RhGA 蛋白在氨基酸上

具有許多區別，然而在這個實驗中，人類蛋白質卻能夠在缺少相應自體蛋白的酵母細胞中發揮作用。這個實驗的結果也告訴我們，一個氨基酸序列被改變的蛋白質，有時也同樣能夠正常發揮作用。

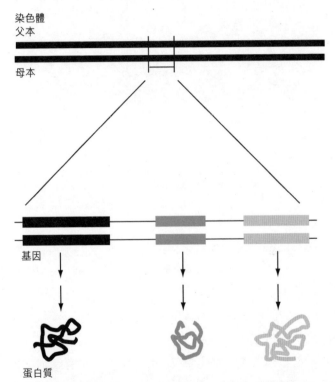

圖6 一對染色體的圖示，另有一個放大的示意圖展示分佈在該染色體上的三個基因，以及它們之間的非編碼DNA。這三種不同的基因採用不同的灰度進行表示，表明每個基因都為不同的蛋白質編碼。在實際的細胞中，這些蛋白中只有一部分能產生，其他的基因將被關閉，因此它們所編碼的蛋白將不會形成。

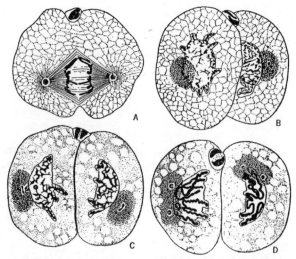

圖7　一個正在分裂的線蟲細胞，顯示染色體不再被包裹在細胞核膜之中
(A)；分裂過程中的不同時期(B，C)；以及最終形成的兩個子細胞，每個
子細胞都具有一個被核膜包裹的細胞核(D)。


## 生物共同的遺傳基礎

　　對於所有的真核生物(動物、植物，以及真菌)而
言，遺傳的物質基礎在根本上是相似的。我們對於遺
傳機制的認識，是它通過某種物質(我們現在稱作基因)
對個體的許多不同性狀進行控制。這一機制由格雷戈
爾·孟德爾首先在豌豆中發現，但相同的遺傳定律也
適用於其他植物以及動物，包括人類身上。控制酶及
其他蛋白產生(由此決定個體的特性)的基因是每個細胞
中染色體所攜帶的DNA片段(圖6，7)。人們最早在黑

腹果蠅中發現基因在染色體上呈線性排列，這個規律同樣適用於我們自身的基因組。染色體上的基因順序在進化過程中可能會發生重新排列，不過這種變化發生的幾率極小，因此我們可以在人類以及其他哺乳動物(例如貓、狗)的染色體上發現呈現相同順序的相同基因。一條染色體本質上就是一個有着成千上萬個基因的相當長的DNA分子。染色體DNA與蛋白質分子結合，這些蛋白質負責在細胞核中將DNA分子包裹成整齊的卷(類似整理電腦數據線的工具)。

在更高等的真核生物例如我們人類身上，每個細胞中都包含一套來源於母親卵細胞核的染色體，以及一套來源於父親精細胞核的染色體(圖6)。在人類體內，父系或母系序列各有23條不同的染色體；在遺傳學研究中常用的黑腹果蠅體內，染色體的數量是5(其中一對很小)。染色體攜帶有詳細說明生物體蛋白質氨基酸序列所需的信息，同時還有決定什麼蛋白將被生物體生產出來的調控DNA序列。

基因是什麼？它如何決定一個蛋白質的結構？基因是基因編碼的四個化學「字母」的排列，在它之中，三個相鄰的字母(三聯體)對應着該基因所編碼的蛋白質中的一個氨基酸(圖8)。基因序列被「翻譯」成為蛋白質鏈上的序列；同時還有三聯體標記氨基酸鏈的終點。基因序列上的改變導致了突變。這種改變中的大多數會使蛋白質在生產過程中出現一個不一樣的氨

基酸(但是，由於具有64種可能的DNA.三聯體字母，卻只有20種氨基酸被用於蛋白質生產，有些突變將不會改變蛋白質序列)。縱觀整個地球上的生物體，它們的基因編碼差異非常微小，這充分說明了地球上的所有生物可能有一個共同的祖先。基因編碼首先在細菌與病毒中進行研究，但很快就在人類身上驗證並發現了共通性。在人類血紅蛋白中，這個編碼可能引起的幾乎所有突變都已被人類檢測到，但從來沒有檢測到對此特定編碼來說不可能實現的突變。

為了生產出蛋白質產物，基因的DNA序列首先需要複製出一條「信使」，由相關聯的RNA(核糖核酸)分子構成，它的「字母」序列由一種複製酶從原基因的序列中複製過來。信使RNA與一種由蛋白質聚合物和其他RNA分子組成的精巧的細胞器共同作用，將RNA中攜帶的信息翻譯出來並產生出該基因所指定的蛋白質。這個過程在所有的細胞中本質上都是相同的，儘管在真核細胞中這個過程發生在細胞質中，信使RNA必須首先從細胞核中來到翻譯過程所發生的細胞區域。在染色體中，這些基因之間是不編碼蛋白質的DNA片段，這些非編碼DNA中的一部分具有重要的作用，它們是結合蛋白的結合位點，而這些結合蛋白將根據需要開啟或關閉信使RNA的產生。例如，為血紅蛋白編碼的基因在發育成為紅細胞的細胞中被開啟，而在大腦細胞中則被關閉。

| 物種 | | | | | | | | | | | | | | | | | | | | |
|---|---|---|---|---|---|---|---|---|---|---|---|---|---|---|---|---|---|---|---|---|
| **人 蛋白質** (DNA) | aac | cag | aca | gga | gcc | cgg | tgc | ctg | gag | gtg | tcc | atc | tct | gac | ggg | ctc | ttc | ctc | agc | ctg |
| (胺基酸) | Asn | Glu | Thr | Gly | Ala | Arg | Cys | Leu | Glu | Val | Ser | Ile | Ser | Asp | Gly | Leu | Phe | Leu | Ser | Leu |
| **人 黑猩猩** | aac | cag | aca | gga | gcc | cgg | tgc | ctg | gag | gtg | tcc | atc | tct | gac | ggg | ctc | ttc | ctc | agc | ctg |
| 狗 | aac | cag | acC* | ggG* | Ccc (Pro) | cgg | tgc | ctg | gag | gtg | tcc | att* | CcA (Pro) | Aac* | ggg | ctG* | ttc | ctc | agc | ctg |
| 老鼠 | aac | cag | Tca (Ser) | gAG (Glu) | CcT (Pro) | Tgg (Trp) | tgc | ctg | TaT (Tyr) | gtg | tcc | atc | CcC (Pro) | gaT* | ggg | ctc | ttc | ctc | agc | ctA* |
| 豬 | aac | cag | acG* | ggC* | Ccc (Pro) | cAg (Gln) | tgc | ctg | gag | gtg | tcc | atc | CCC (Pro) | gac | ggg | ctc | ttc | ctc | agc | ctg |

| 物種 | | | | | | | | | | | | | | | | | | | | |
|---|---|---|---|---|---|---|---|---|---|---|---|---|---|---|---|---|---|---|---|---|
| **人 蛋白質** (DNA) | ggg | ctg | gtg | agc | ttg | agc | gtg | aac | gcg | gtg | gtg | gcc | gtg | gcc | gcc | gcc | aag | aac | cgg | aac |
| (胺基酸) | Gly | Leu | Val | Ser | Leu | Val | Glu | Asn | Ala | Met | Leu | Val | Thr | Ile | Ala | Val | Ala | Lys | Asn | Arg |
| **人 黑猩猩** | ggg | ctg | gtg | agc | ttg | agc | gtg | aac | gCg* | ATg* | gtg | gcc | gtg | gcc | gcc | gcc | aag | aac | cgg | aac |
| 狗 | ggg | ctg | gtg | agt* | ttg | agc | Gtt* | aaT* | gCg* | gTg (Val) | ctg | gcc | Acc* | atc | Gcc* | gtg | gcc | aag | aac | cgC* |
| 老鼠 | ggg | ctg | gtg | agc | ttg | agc | gaa* | aaT* | Acc* | gTg (Val) | Ctg* | gcc | ATA* | atc | gcc | gtT* | ATA* | aaa* | aag | aa |
| 豬 | ggg | ctg | gtg | agc | ttg | agc | gtg | aac | ctC* | gTg (Val) | ctg | gcc | atc | acc | gcc | gtg | gcc | aag | cgC* | aac |

圖8　人類及部分哺乳動物中促黑激素受體蛋白的部分基因的DNA跟蛋白質序列（見圖4部分）。圖中僅顯示了該蛋白中全部951個胺基酸中的40個。人類DNA序列在最上排，每三個DNA字母之間有空格，蛋白序列用灰色標記在下方（用三字母表示的代碼表示不同胺基酸）。其他的物種見下排。與人類基因不同的DNA序列用大寫字母標記。與人類DNA序列不同的三聯體密碼，如果它們為相同的胺基酸編碼，則用星號標出；而編碼與人類蛋白質序列不同的氨基酸的三聯體則突出標示。許多擁有紅色頭髮的人在三聯體151位置上存在該胺基酸的變化。

儘管不同生物的生活方式存在巨大差異——從單細胞生物到由億萬個細胞組成、具有高度分化組織的機體，真核細胞中所進行的細胞分裂過程都是類似的。單細胞生物，例如變形蟲或酵母菌通過分裂出兩個子細胞而進行繁殖。由卵子與精子融合而成的多細胞生物的受精卵，同樣分裂出兩個子細胞(圖7)。而後發生了更多輪的細胞分裂，產生各類細胞與組織，構成成熟生物體。在一個成年的哺乳動物體內，有300多種不同類型的細胞。每一種類型的細胞都有它特有的結構，產生特定類型的蛋白質。這些細胞在發育過程中於組織與器官中的分佈與排列，是一項需要對發育胚胎細胞間相互作用進行精密控制的工作。基因或被開啟或被關閉，以保證對的細胞在對的地點、對的時間產生出來。在某些被透徹研究的生物，例如黑腹果蠅中，我們已充分了解到這些相互作用如何使得果蠅從看起來無差別的受精卵最終發育成為複雜的軀體。人們發現，許多特定組織(例如神經)發育與分化過程中的信號傳導過程，在所有的多細胞動物中都普遍存在着；而陸生植物則使用一套截然不同的體系，也許正如化石記錄所顯示的那樣，多細胞動物與植物有着不同的進化源頭(見第四章)。

當細胞分裂時，染色體中的DNA首先會複製，因此每個染色體都有兩份。細胞分裂過程被精密控制，以確保對產生的DNA序列進行細緻「校對」。在細

胞中含有某些酶，它們依靠DNA複製方式中的某些特性，將新產生的DNA與舊的「模板」DNA區分開來。這使得複製過程中發生的大多數錯誤能夠被檢測和糾正，保證了細胞在進入下一個階段——細胞自身的分裂過程前，模板DNA被完全準確地進行複製。細胞分裂的機制保證了每個子細胞都接收到了與母細胞完全相同的一套染色體(圖7)。

大多數原核生物的基因(包括許多病毒的基因)同樣也是DNA序列，它們的組成與真核生物染色體中的DNA有一些微小的區別。許多細菌的遺傳物質只是一個環狀DNA分子。然而，一些病毒，例如引起感冒以及愛滋病的病毒，它們的基因由RNA構成。DNA複製過程中的校對工作不會在RNA複製過程中進行，因此這些病毒的突變率異常之高，它們可以在宿主的體內飛速進化。就像我們將在第五章描述的，這意味着研發針對它們的疫苗的難度很大。

真核動物與原核動物在非編碼DNA數量上差異巨大。大腸桿菌(一種生活在我們腸道中通常無害的細菌)擁有約4300個基因，其中能夠為蛋白質序列編碼的基因約佔其全部DNA的86%。與之相對的是人類基因組中為蛋白質序列編碼的基因佔整個DNA總量的不到2%。其他的物種位於這兩個極值之間。黑腹果蠅在全部1.2億個DNA「字母」裏擁有約1.4萬個基因，約有20%的DNA由編碼序列組成。我們還無法準確知道

人類基因組中不同基因的數量。目前為止最精確的計數來自全基因組測序。它使得遺傳學家們能夠基於從已有基因研究中獲得的信息，識別出可能為基因的序列。組成各類物種基因組，特別是人類自己的基因組(它的DNA數量是果蠅的25倍)的DNA浩如煙海，從其中發現這些序列是一項艱巨的任務。人類基因的數量大約是3.5萬，比人們根據不同功能的細胞與組織種類所推測出的數量要小得多。一個人能夠產生的蛋白質數量也許會遠遠大於這個數字，因為我們用來計數的方法不能檢測到很小或非常規的基因(例如，包含在其他基因內部的基因，這種現象存在於許多生物中)。現在尚不清楚非編碼DNA對於生物的生命有多麼重要的作用。儘管其中很大一部分是由生活在染色體中的病毒及其他寄生體組成，但它們中的一部分擁有重要的作用。如上文所述，在基因之外存在一些DNA序列，它們可以與那些控制細胞中基因「開關」的蛋白質相結合。對基因活動的這種控制在多細胞生物中肯定具有比在細菌中遠為重要的作用。

除了發現截然不同的生物都把DNA作為其遺傳物質，現代生物學還揭示了真核生物生命周期中更為深刻的相似性，儘管也存在差異性——從單細胞的真菌如酵母菌，到一年生的動植物，再到長壽(儘管不是長生不老)的生物如我們人類及許多樹木。許多真核生物(儘管不是所有)在每一代中都存在有性繁殖階段，在這

個階段中，融合的卵子與精子中來自母親與父親的基因組(分別由n條不同染色體組成，這是我們所討論的物種所特有的)相互結合，形成一個具有2n條染色體的個體。當動物產生新的卵子或精子時，這種n的情形通過一種特殊的細胞分裂方式又重新形成。在這種分裂方式中，每一對父本與母本的基因都排列好，在互相交換遺傳物質形成父本與母本基因的嵌合體之後，染色體對彼此分開，與其他細胞分裂過程中新複製出的染色體彼此分開類似。在這個過程的最後，每個卵細胞核或精子細胞核中的染色體數目減半，但是每個卵或精子都有一套完整的生物基因。在受精過程中，當卵子與精子的細胞核融合時，又重新形成了二倍體。

有性生殖基本特徵的進化一定遠遠早於多細胞動植物的進化，後者是進化舞臺上的新人。這一點從有性生殖的單細胞與多細胞生物的繁殖共同點上可以清楚看出，同時在酵母與哺乳動物這般差異巨大的物種間發現了相似的參與控制細胞分裂與染色體行為的蛋白質與基因。在大多數單細胞真核生物中，二倍體細胞由一對單倍體細胞融合產生，它們隨即分裂產生帶n個染色體的細胞，其過程與上述多細胞動物的生殖細胞形成過程相似。在植物中，染色體數量由2n變為n的過程在精子與卵子形成前發生，但還是涉及同樣類型的特殊的細胞分裂。例如，在苔蘚植物中，有一個很長的生命階段是由單倍體形成苔蘚植株，在這種植株

之上，精子與卵子形成並完成受精，之後開始短暫的二倍體寄生階段。

在某些多細胞生物中不存在這種兩種性階段並存的模式。在這種「無性生殖」的物種中，親本產生子代並不用經歷染色體數量在卵子產生過程中從$2n$變為$n$。然而，所有的多細胞無性生殖物種都具有清晰地源自有性生殖的祖先的印記。例如，普通蒲公英是無性生殖的，它們的種子不需要授粉就能夠形成，而花粉對於大多數植物的繁殖來說是必須的。這對於像普通蒲公英這樣的弱小物種來說是一個優勢，它可以迅速產生大量的種子，家裏有草坪的人們都能親眼看到。其他的蒲公英物種通過個體間的正常交配進行繁殖，而普通蒲公英與這些蒲公英的親緣關係如此之近，以至於普通蒲公英依然產生能夠使有性生殖物種的花受精的花粉。

## 突變及其作用

儘管在細胞分裂的DNA複製階段具有修正錯誤的校對機制，但是依然會產生錯誤，由此就產生了突變。如果突變導致蛋白質的氨基酸序列改變，這個蛋白質就有可能發生功能障礙；例如，它有可能不能正確地折疊，因此就可能無法正常工作。如果這個蛋白質是一個酶，就有可能會導致這個酶所在的代謝途徑效率降低，甚至完全停滯，就像上文中提到的白化病

突變的例子一樣。結構或交流蛋白的突變可能會損害細胞功能，或是影響生物體發育。人類的許多疾病都是由此類突變導致的。例如，控制細胞分裂的基因的突變增加了癌症的發病風險。正如前文所述，細胞有精密的控制系統來保證它們只在一切準備就緒時(對突變的校對必須完成、細胞不能有被感染或有其他損害的跡象，等等)才進行分裂。影響這類控制系統的突變將會導致不受控制的細胞分裂，以及細胞系的惡性增殖。幸運的是，細胞中一對基因同時突變的概率很小，而一對基因中只要還有一個未突變的基因，通常就足以對細胞功能進行糾正。而一個細胞系要成功癌變還需要其他的適應條件，因此惡性腫瘤並不常見。(腫瘤需要血液供應，而細胞的不正常特性也必須躲過人體的監測。)然而，了解細胞分裂及其控制依然是癌症研究的重要內容。不同的真核生物細胞中這一過程是如此相似，以至於2001年的諾貝爾醫學獎授予了酵母細胞分裂的研究，該研究證明了與酵母細胞控制系統相關的一種基因在一些人類家族性癌症中也發生了突變。

導致癌症的突變非常罕見，大多數導致其他疾病的突變也是一樣。在北歐人群中，最普遍的遺傳病是囊性纖維症，即使在這種情況下，相應基因的未突變序列也佔全部人口基因數量的98%以上。那些導致重要的酶或蛋白質缺失的突變可能會降低該個體的生存

或繁殖概率，由此，導致酶功能障礙的基因序列在下一代中的比例就會降低，最終就會被種群所淘汰。自然選擇最主要的角色就是保持大部分個體的蛋白質及其他酶類正常運轉。我們在第五章中將再次考察這一觀點。

有一種重要的突變，它使得一種蛋白質無法由它的基因足量產生。這種情況通常是由於基因的正常控制系統出現了問題，可能是當基因應該被打開時沒有及時打開，導致產物數量有出入，也可能是在合成過程完成前就停止了蛋白質的生產。其他的突變可能不一定阻止酶的產生，但可能會讓酶出現缺損，就像一條生產線上如果有一件必需的工具或機器出現問題，那麼整條生產線都會受到阻礙甚至是停產。如果蛋白質中出現一個或幾個氨基酸的缺失，那麼這個蛋白質可能無法正確發揮功能；如果在蛋白鏈上某個特定位置出現了異樣的氨基酸，哪怕其他位置都一切正常，也會出現同樣的情況。當自然選擇不再發揮其篩選作用時，這種導致功能缺失的突變也可能對進化產生貢獻(參見第二章與第六章中選擇中性突變的傳播方法)。約65%的人類嗅覺受體基因是「退化基因」，它們不產生有活性的受體蛋白，因此我們比老鼠或狗的嗅覺功能要差得多(這並不讓人驚訝，考慮到相較於我們，嗅覺在它們的日常生活與交流中更為重要)。

同一個物種中的正常個體之間同樣具有許多差

異。例如，對於人類而言，不同個體對於特定化學物質的味覺或嗅覺感知能力有所不同，對用作麻醉劑的某些化學物質的降解能力也不同。缺少降解某種麻醉劑的酶的個體可能對該物質有強烈反應，但是這種酶的缺乏對於其他方面則不會有什麼影響。相似的情況也出現在對其他藥物或者食物的降解上，這是人類多樣性的一個重要方面，關於這些差異的研究對於經常使用烈性藥物的現代醫學而言十分必要。

葡萄糖—6—磷酸脫氫酶(細胞從葡萄糖中獲得能量的起始步驟所用的一種酶)的突變部分說明了上述差異。完全缺失此基因的個體將無法存活，因為在細胞能量產生過程中會產生有毒副產物，而這個酶參與的過程正是控制這種副產物濃度水平的關鍵所在。在人類種群中，有至少34種不同的該蛋白正常變體，它們不但能健康地存活，而且還能夠保護它們的機體不受瘧原蟲侵害。這些變體與最常見的蛋白質正常序列存在着一個或幾個氨基酸的差異。其中的一些變體在非洲及地中海地區廣泛分佈，在一些患瘧疾的人群中，變異個體頻繁出現。然而，在人們吃下某種豆子，或使用了某種抗瘧疾藥物時，其中的一些變異將導致貧血。著名的ABO血型及其他種類的血型是人類種群中常規多樣性的又一例證：這些血型的產生是由於控制着紅細胞表面蛋白質序列的多樣性。促黑激素受體蛋白的多樣性對於黑色素產生至關重要(見圖4)，它能導

致頭髮顏色差異。許多擁有紅髮的人，他們的這種蛋白中有一條氨基酸序列被改變。正如我們將在第五章中討論的，基因的多樣性是自然選擇發揮作用產生進化改變的必不可少的原料。

## 生物分類、DNA與蛋白質序列

　　一組新的重要數據為生物體彼此間通過進化緊密相連提供了清晰的證據，這些證據來自它們DNA中的字母。現在我們可以通過DNA測序的化學過程「閱讀」這些字母。300多年以來，通過對動物與植物的研究，基於表觀性狀的生物分類系統逐漸發展；在當今最新研究中，通過比對不同物種間DNA與蛋白質序列，這一系統獲得了新的支持。通過測定DNA序列間的相似性，我們可以對物種間親緣關係有一個客觀的概念。這部分我們將在第六章中詳述，現在我們只需要了解到，一個特定基因的DNA序列將與親緣關係更相近的物種更為相似，而親緣關係更遠的物種的序列間差異則會更大(圖8)。物種間差異的增加與兩個被比較的序列分開的時間長度大致是成比例的。分子進化的這一特性使得進化生物學家們能夠對那些化石資料無法確定的時間節點進行估算——用一種被稱作分子鐘的工具。例如，我們前文提到某一物種染色體上基因順序發生改變，分子鐘可以用來估算這種染色體重排的比率。與進化論觀點一致的是，我們認為是

近親的物種，例如人類與獼猴，較之人類與新大陸的靈長類動物如絨毛猴，它們之間的染色體重排的差異更小。

在下一章中，我們將基於化石資料，根據現存物種的地理分佈數據，對進化的證據進行闡釋。這些觀察結果補足了前面所述內容，表明進化理論為千姿百態的生物現象提供了一種自然的解釋。

# 第四章
# 進化的證據：時空的印記

然而，人類的歷史，不過是時間的長河中一道短暫的漣漪。

摘自 Hermann von Helmholtz《論自然力的相互作用》，1854

## 地球的年齡

18世紀末19世紀初，地質學家們成功地確認：地球現在的結構是長期不間斷物理過程的產物；如果沒有這一發現，人們不可能意識到生命由進化產生。其所使用的方法在本質上與歷史學家和考古學家們所使用的方法相類似。正如偉大的法國博物學家布豐伯爵(the Comte de Buffon)在1774年所寫的那樣：

正如在文明史研究中，我們查閱資料、研究徽章、破譯前人的銘文，以便考證人類革命的新紀元、確定道德事件的發生時間，在自然界的歷史中，我們也必須對整個地球的資料進行深入挖掘，從地球深處掘取古老的遺跡，把它們的碎片拼湊到一起，把這些物理變化的痕跡重新組合成為一個完整的證據，這個證據能讓我們回到自然

界的不同時代。這是在這個廣袤無垠的空間裏確定一個時間點、在不朽的時光歲月裏樹立一座里程碑唯一的方式。

儘管有把問題過度簡單化的風險，兩種關鍵的見解依然為早期地質學帶來了成功：均變論原則，以及採用地層學劃分年代。均變論與18世紀後期愛丁堡的地質學家詹姆斯·赫頓(James Hutton)有着緊密的聯繫，並在之後由另一位蘇格蘭科學家查爾斯·賴爾(Charles Lyell)在他的著作《地質學原理》(1830)中系統成文。該理論只不過是將天文學家用來理解遙遠的恒星與行星的原理應用於地球構造的歷史中，即其中所涉及的基本物理過程在任何時間、任何地點，都被認為是相同的。隨時間推移而發生的地質變化反映了物理規律的作用結果，而物理規律本身是不變的。例如，物理定律表明，太陽與月亮的引力作用造成的潮汐所帶來的摩擦力，必定使地球的轉速在數百萬年間減慢了。現在一天的時間比地球最初產生時一天的時間要長得多，但引力的大小並沒有變化。

當然，並沒有獨立的證據證明這種均勻性的假設，就像沒有任何有邏輯性的證據支持自然界具有規律性的設想，而這一設想正是我們日常生活最基本層面的基礎。事實上，這兩種假說之間並不存在區別，只是它們所應用的時間與空間尺度不同。它們的支持

證據是：首先，均變論代表了可能的基礎中最簡單的一種，在此基礎上我們能夠對時間與空間上非常久遠的事件進行詮釋；其次，它已取得了令人矚目的成功。

地質學上的均變論假說認為：火山活動及江河湖海的沉積物形成新的岩石，風、水流與冰的作用侵蝕古老的岩石，這些作用的累積結果在當今地球表面的構造中得到了體現。沉積岩(例如砂岩或石灰岩)的形成有賴於其他岩石的侵蝕。與之相對，火山作用或地震導致陸地上升形成山脈必定發生在岩石被侵蝕前。可以觀察到的是，這些過程在今天依然在繼續；去過山區的人們，特別是在一年之中冰雪凍結及消融時節去的人們，一定能觀察到岩石的侵蝕作用，以及形成的碎片順着河流被沖到下游。在河口，我們也很容易觀察到堆積的沉積物。火山與地震活動局限在地球上某些特定的區域，特別是大陸的邊緣和大洋的中心，其原因現在已廣為人知，不過火山運動形成新的海島、地震導致陸地上升的事件記錄也為數不少。在《小獵犬號航海記》中，達爾文記錄了1835年2月在智利發生的一次地震帶來的後果：

這次地震最讓人印象深刻的後果就是陸地的永久性上升；可能把它稱作原因更為恰當些。毫無疑問康塞普西翁灣附近的土地上升了兩三英尺……聖瑪利亞島(約30英里外)的上升更加顯著；在其

中一塊地方，費茲洛伊船長在高水位線之上10英尺的地方發現了依然附着在岩石上的腐敗的貽貝殼……這塊區域的抬升特別有意思，它已經成為了一系列劇烈的地震集中的舞臺，在它的陸地上，散布着數量巨大的貝殼，累積的高度達600甚至是1000英尺。

依照這些過程，地質學極為成功地解釋了地表或地表附近區域地球的結構，同時重建了造成地球上諸多區域如今形態的地質事件。這些事件的先後順序可以通過地層學的原理進行確定。人們用在不同岩層中發現的礦物成份與化石分佈來描述不同岩層的特徵。化石是早已死亡的植物和動物被保存下來的殘骸而非礦物質形成的人工製品，這一認識是地層學獲得成功的關鍵。在特定的沉積岩層中發現的化石種類能夠提供它所形成的時代的環境信息。例如，我們通常可以分辨出該生物是海生、淡水生還是陸生。當然，在花崗岩或玄武岩這類由地殼以下熔融的物質所凝結成的岩石之中，並沒有發現化石的蹤跡。

圖9　地質年表的大致劃分。上表展示了寒武紀以來的各個被命名的時代，在這個時間段裏，發現的化石數量最多(而它佔地球年齡不到1/8)。[1]下表展示了地球歷史上發生的重要事件。

---

1　表中第三紀最後給出的地質時代開始時間，數據與最新地質年代表有一定的出入。依據最新的地質學研究，第三紀現分為古近紀(含古新世、始新世和漸新世)和新近紀(含中新世和上新世)。——譯注，下同

| 代 | 紀 | 世 | 距今 |
|---|---|---|---|
| 新生代 | 第四紀 | 全新世 | 1萬年 |
| | | 更新世 | 200萬年 |
| | 第三紀 | 上新世 | 700萬年 |
| | | 中新世 | 2600萬年 |
| | | 漸新世 | 3800萬年 |
| | | 始新世 | 5400萬年 |
| | | 古新世 | 6400萬年 |
| 中生代 | 白堊紀 | | 1.36億年 |
| | 侏羅紀 | | 1.90億年 |
| | 三疊紀 | | 2.25億年 |
| 古生代 | 二疊紀 | | 2.80億年 |
| | 石炭紀 | | 3.45億年 |
| | 泥盆紀 | | 4.10億年 |
| | 志留紀 | | 4.40億年 |
| | 奧陶紀 | | 5.30億年 |
| | 寒武紀 | | 5.70億年 |

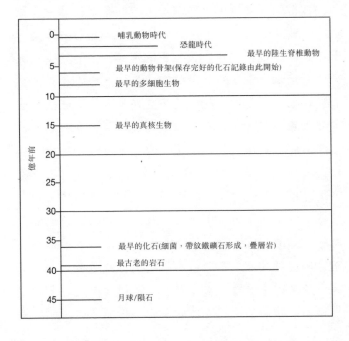

19世紀早期，英國的河道工程師威廉·史密斯(William Smith)在走遍大不列顛修築運河的過程中，發現在大不列顛島上的不同區域存在相似的岩層變化(對面積如此小的土地來說，其不同時期的岩石種類異乎尋常地多)。基於舊岩層通常位於新岩層之下的原則，不同區域岩層演替的比較使得地質學家能夠重建過去極為漫長的時間裏岩層依次形成的順序。如果在一個地點，A岩石位於B岩石之下，而在另一地點B岩石位於C岩石之下，我們可以推出順序為A–B–C，即便A與C從未在同一個地點被發現。

19世紀的地質學家對這種手段的系統應用使得他們能夠確定地質年代的大致分佈(圖9)。這種分佈是一個相對而非絕對的年代表，要確定絕對的時間需要有方法對這個過程中所涉及的每一步的速率進行校正，而這樣做是極為困難的，且不說精度如何。景觀形成的過程十分緩慢，岩石的侵蝕每發生幾毫米都需要許多年時間，沉積岩的形成也相應地十分緩慢。與之相似，即使在造山運動最活躍的區域，例如安第斯山脈，陸地上升的速率也不過是平均每年零點幾米。在地球上的許多地方，由上述方式形成的沉積岩已經有數千公里的深度，且有證據表明，被侵蝕的沉積物也與之相去不遠——鑒於這些，人們很快意識到，地球存在的時間至少得有數千萬年，這與《聖經》所記載的年表是矛盾的。賴爾在此基礎上提出：第三紀持續

了約8000萬年，而寒武紀則開始於2.4億年之前。傑出的物理學家開爾文勳爵並不同意地球具有如此長的歷史，他認為，如果地球真的已形成超過一億年，那麼最初那個熔融狀態的地球的冷卻速率將使得地球的中心比它實際上的溫度要低很多。開爾文的計算在當時的物理學背景下是正確的。然而，在19世紀末，人們發現了不穩定的放射性元素——例如鈾，能夠衰變成為更為穩定的衍生物。這個衰變過程伴隨着能量的釋放，這些能量足以使得地球的冷卻速率減慢，直至與它當前的預測年齡相符的數值。

放射性也為確定岩石樣本的年代提供了全新而可靠的手段。放射性元素原子衰變成為更為穩定的子元素，並釋放出輻射，這一速率是每年恒定的。當岩石產生時，可以假設其中我們所關注的元素是單一的；而後，當我們檢測到樣本中衰變所獲得的子元素的比例，如果通過實驗知曉衰變的速率，我們就能夠估計這塊岩石的形成時間。不同的元素可以用來測定不同時期的岩石。通過這一技術可以確定不同地質年代岩石的年代，這為我們提供了如今所公認的時間節點。儘管方法經常更新，而所確定的時間點也在不斷地修正，但它們所預測的大致時間序列十分清晰(圖9)。它為生物進化的發生，劃定了一個廣闊到不可思議的時間範圍。

## 化石記錄

　　化石記錄是生命歷史留給我們的唯一直接的信息來源。為了正確地對其進行詮釋，我們需要了解化石是如何形成的，以及科學家們如何對化石進行研究。在植物、動物或者微生物死亡後，它們的柔軟部分幾乎一定會迅速降解。只有在某些特殊的環境中，例如沙漠乾燥的空氣中或是琥珀具有保護作用的化學物質裏，負責降解的微生物才不能對這些軟組織進行分解。人們發現了許多值得關注的保存軟組織的例子，有些甚至可以追溯到幾千萬年之前，例如被困在琥珀中的昆蟲。但是，這些與其說是規律不如説是例外。甚至連骨架結構，例如昆蟲與蜘蛛體外覆蓋的堅硬幾丁質，或是脊椎動物的骨胳與牙齒，最後都會被降解。不過，它們降解的速率相對更慢一些，這讓礦物質有機會滲透其中，最終取代其中的有機物(這種現象有時也發生在軟組織之中)。若非如此，它們也許會形成一個具有它們的輪廓、被沉積的礦物質包圍的空殼。

　　化石最有可能在水生環境中形成。在江河湖海的底層，礦物質沉澱、沉積物形成。儘管對於某個特定個體，形成化石的幾率非常小，但沉到底層的殘骸仍有機會變為化石。因此化石記錄的結果存在非常大的偏差：生活在淺海的海洋生物，由於沉積物不斷形成，其化石記錄是最好的，而飛行生物的化石記錄則最糟糕。此外，沉積物的形成可能會被打斷，例如氣

候變化或者海底抬升。對於許多類型的生物，我們幾乎沒有它們的化石記錄；而對於其他一些生物，化石記錄曾經中斷過許多次。

對於這種被中斷的不完整性帶來的問題，腔棘魚是一個很好的例證。這是一種擁有分裂魚鰭的硬骨魚類，它的祖先是最早登上陸地的脊椎動物。腔棘魚在泥盆紀時期(4億年前)曾大量存在，但是隨後就逐漸減少。距今最近的腔棘魚化石要追溯到約6500萬年前，很長時間以來，人們都認為這類生物已經滅絕了。直到1939年，非洲東南海上科摩羅群島的漁民捕獲了一隻長相怪異的魚，最後人們發現它就是腔棘魚。於是隨後科學家們能夠對活腔棘魚的習性進行研究；而在印度尼西亞，人們又發現了一個新的腔棘魚群。腔棘魚在一段極為漫長的時間裏一定都存在着，但是並沒有留下任何化石證據，因為它們的數量很少，而且生活在海洋的深處。

化石記錄的中斷意味着人們很難找到一系列長時間不間斷的生物遺跡，以此展現進化的假說所需要的或多或少的連續變化。在大多數的例子中，新種類的動植物在化石中第一次出現時都沒有表現出與它們早期形態存在任何顯著的關聯。最著名的例子是「寒武紀大爆發」：大部分重要類別的動物，作為化石首次出現都集中在寒武紀時期，即5.5億至5億年前(這部分將在第七章中再次討論到)。

不過，正如達爾文在《物種起源》中所堅決主張的，化石記錄的基本特性為進化提供了有力的證據。自達爾文的時代以來，古生物學家們的發現一次又一次地鞏固了他的論述。首先，人們發現了許多過渡物種的實例，這些物種將原先被認為中間有着不可逾越鴻溝的物種連接起來。始祖鳥也許是其中最著名的生物，在《物種起源》一書出版後不久，人們發現了這種既像鳥又像爬行動物的物種的化石。始祖鳥化石非常罕見(現存只有六個樣品)。它們來自於約1.2億年[2] 前侏羅紀時期的石灰岩，這種岩石沉睡在德國一個大湖湖底。這些生物有着被拼接起來的特徵，有些特徵像現代的鳥類，例如羽毛與翅膀，而有些又像爬行動物，例如長着牙齒的顎(而不是像鳥一樣的喙)，以及長長的尾巴。它們的骨架結構中很多細節都與同時期的恐龍極為相似，但是始祖鳥很明顯會飛，這一點又與恐龍有所不同。隨後，人們又發現了其他將恐龍與鳥類聯繫起來的化石，最近人們又發現了在始祖鳥之前還存在過長着羽毛的恐龍。其他重要的中間類型包括來自始新世(約6000萬年[3] 前)的哺乳動物化石，這些動物擁有前肢及簡化的後肢以適應游泳。它們連接了現代的鯨類與偶蹄目食草動物例如牛和羊。

隨着人們取得越來越多的研究成果，許多化石記

---

2　數據有誤，應為1.5億年。

3　數據有誤，應為5000萬年。

錄的間斷被填平了，對人類的研究就是一個很好的例證。在1871年達爾文關於人類進化的著作《人類起源》第一次出版時，人們尚未發現任何人類與猿之間相聯繫的化石證據。達爾文基於解剖學上的相似性，認為人類與大猩猩及黑猩猩之間的關係最為緊密，因此人類可能起源於非洲的祖先，而這些祖先同樣也進化成為如今的猿類。在此之後，人們發現了一系列的化石證據，通過前文所述方法精準地確定了其年代，而後新的化石證據被持續發現。這些化石中，距今越近的化石與現代人類越相似(圖10)。能被明顯地歸入智

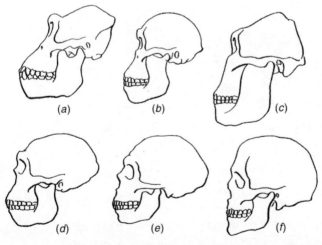

圖10　某些人類祖先與近親的頭骨。(a)雌性大猩猩。(b)和(c)人類最早的近親之一——南方古猿的兩種不同化石(約300萬年前)。(d)南方古猿與現代直立人之間的中間物種的化石。(e)尼安德特人的化石，距今約7萬年。(f)現代人——智人。

人物種的最早化石被確定產生於距今只有幾十萬年之前。與達爾文的推斷相一致的是，早期人類的進化很可能發生在非洲，而我們的祖先們可能在約150萬年前首次抵達了歐亞大陸。

在時間序列上幾乎不間斷的化石例證也同樣存在，由此可以確定，我們能夠發現在進化上呈現單一

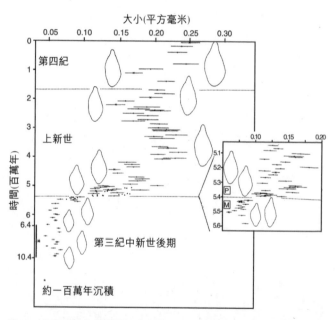

圖11 化石中進化的漸變。此圖展示了一種單細胞海洋甲殼動物——有孔蟲化石樣品中身體大小的均值與範圍。在這個譜系之中，除了兩個明顯的間斷點外，身體大小順次變化。在第三紀中新世後期與上新世的交界點，一組更為確切的化石(見小圖)説明了那些較為粗略的化石中所觀察到的不連續幾乎完全反映了一段劇烈變化時期，因為大部分連續的樣本都彼此重疊。對於400萬年前的間斷點，迄今為止還未發現化石信息。

譜系變化的化石記錄。對海底沉積物挖掘結果的研究是最好的例證，從這類挖掘之中，我們能夠獲得很長的岩層序列。這些岩石的主體由數不勝數的微生物化石組成，而上述研究使得我們能夠精確判定這些微生物連續樣本的形成年代。對這些生物(例如有孔蟲目，一種單細胞海洋動物)骨胳外形的仔細測定使我們能夠描述，在一段漫長時間裏漸次演替的種群在總體水平與變化程度方面的特徵(圖11)。

如果沒有進化學說的支持，人們很難理解化石記錄的基本特性，更不用說解釋化石記錄中過渡物種的存在。儘管寒武紀之前的化石記錄非常不完整，但依然保存有超過35億年前的細菌及與其相關的單細胞生物的遺骸。再經過很長一段時間，出現了更為高級的(真核生物)細胞的遺跡，但依然未發現多細胞生物出現的證據。由簡單細胞群構成的生物直到約8億年前才出現，在那個時期環境極其惡劣，地球上的大部分被冰雪覆蓋。約7億至5.5億年前，有證據表明出現了有着柔軟身體的多細胞動物。

正如前文中提到的，擁有硬質骨胳的動物遺骸直到5.5億年前的寒武紀岩石中才被大量發現。在約5億年前的寒武紀末期，有證據表明幾乎出現了所有主要的動物類群，包括原始的像魚一樣的脊椎動物，這種動物缺少上下頜，類似現代的七鰓鰻。

直到這個時期，所有的生物都與海洋沉積物有

關，而藻類是唯一有遺骸的植物，它沒有陸地多細胞植物輸送液體所需要的導管。4.4億年前，有證據表明出現了淡水生物，而後孢子化石的發現表明最早的陸生植物開始出現，類似鯊魚的有頜魚出現在海洋之中。在泥盆紀時期(4億–3.6億年前)，淡水與陸生生物遺骸變得更為普遍與多樣化。有證據表明原始的昆蟲、蜘蛛、蟎蟲與多足動物開始出現，同樣也出現了簡單的維管束植物以及真菌。有頜的硬骨魚類也逐漸變得普遍，其中就包括肉鰭魚類，它與出現在泥盆紀末期類蠑螈的早期兩棲動物結構相似。這些是最早的陸地脊椎動物。

在地質記錄的下一個時期，石炭紀(3.6億–2.8億年前)，陸地生物形態變得豐富且多樣化。在熱帶沼澤之中生長的樹狀植物的遺骸化石形成了煤炭沉積，這也是這個時期命名的由來，這種植物更類似於同時期的杉葉藻與蕨類，與當代的針葉樹或闊葉樹沒有關係。在泥盆紀的末期，原始爬行動物的遺骸出現，這是第一種完全脫離水的脊椎動物。在二疊紀時期(2.8億–2.5億年前)，爬行動物出現了一個巨大的分化，有些的結構特點與哺乳動物日益相似(似哺乳爬行動物)。一些現代的昆蟲類型，例如臭蟲、甲殼蟲，開始出現。

在化石記錄中可以發現，二疊紀末期出現了最大規模的生物滅絕，一些之前佔據優勢地位的物種例如三葉蟲突然完全消失，許多其他物種也幾乎完全消

失。在之後的恢復期，在海洋中與陸地上出現了許多新的物種。與現代的針葉樹和闊葉樹相似的植物在三疊紀時期(2.5億–2億年前)出現。恐龍、龜以及原始的鱷魚出現了；就在三疊紀的末期，出現了最早的真正意義上的哺乳動物。與先驅們不同，它們的下頜含有一塊與頭蓋骨直接相連的骨頭(在爬行動物中組成這個連接的三塊骨頭進化成為哺乳動物耳朵裏的三塊聽小骨，見第3章，第15頁)。與現代魚類相似的硬骨魚類在海洋中出現了。在侏羅紀時期(2億–1.4億年前)，哺乳動物開始或多或少地分化，但是陸地依然被爬行動物，特別是恐龍所統治。會飛的爬行動物與始祖鳥類出現了。蒼蠅與白蟻首次出現，在海洋中出現了蟹類與龍蝦。直到白堊紀時期(1.4億–6500萬年前)，有花植物才進化出現——它們是主要生物中最晚進化出現的。現代主要的昆蟲類型在這個時期都出現了。有袋類哺乳動物(有袋目)在白堊紀中期出現，與現代胎盤哺乳動物相似的類型在白堊紀末期也被發現。恐龍依然數量龐大，儘管在這個時期行將結束時出現了減少。

伴隨着白堊紀的結束是史上最著名的物種滅絕事件，與一顆在墨西哥尤卡坦半島着陸的小行星有關。所有的恐龍(除了鳥類)都消失了，一同消失的還有許多曾經在陸地與海洋中普遍存在的生物。接下來便是第三紀，它一直延續到大冰河世紀(約200萬年前)的到來。在第三紀的第一階段(6500萬–3800萬年前)，胎盤

哺乳動物的主要類型出現。最初，它們多半與現代的食蟲類動物例如鼩鼱相似，但是在這個時代的末期，其中的一些變得相當獨特(例如我們能夠辨認出鯨與蝙蝠)。大多數的主要類別的鳥類與現代的無脊椎動物在這個時期出現，除了禾本科之外的所有主要有花植物也出現了。與現代種類基本一致的硬骨魚數量增多。在3800萬至2600萬年前之間出現了草原，同樣也出現了類馬的食草動物，它們擁有三個趾頭，而不是現代馬的單個趾頭。原始的猿類同樣出現了。2600萬至700萬年前，在北美出現了大片的草原，擁有短側腳趾與高冠齒、適應食草的馬類出現。許多有蹄類動物，例如豬、鹿與駱駝，還有大象也開始出現。猿與猴子分化越來越大，尤其是在非洲。在700萬至200萬年前，海洋生物本質上較為接近現代，儘管其中很多物種如今已經滅絕。在此時期，出現了最早的具有明顯人類特徵的動物遺骸。在第三紀的末期(200萬–1萬年前)，是一連串的冰河世紀。大多數的動植物基本具備現代形態。最後一個冰河世紀的末期(1萬年前)至今，人類統治了陸地，許多大型哺乳動物開始滅絕。一些化石證據證明了這個時期的進化改變，例如在海島上許多大型哺乳動物的矮型種的進化。

因此，化石記錄表明生命起源於30億年前的海洋，在10億多年中，只存在着與細菌相關的單細胞生物。這正是進化模型所預期的；將基因編碼轉化成為

蛋白質序列所需的裝置，以及哪怕是最簡單細胞的複雜結構，它們的進化必定需要許多步驟，其具體過程幾乎超出了我們的想像。之後化石記錄中出現的真核細胞的明顯證據，以及它們總體上比原核細胞更為複雜的結構，與進化論也是相一致的。這同樣適用於多細胞生物，從單個細胞發育而來的它們需要精密的信號傳遞機制以控制生長與分化，而這些在單細胞物種出現之前不可能進化出現。一旦簡單的多細胞生物進化形成，可以理解的是它們會迅速分化成為各種形態，以適應不同生存類型，正如寒武紀所發生的那樣。我們將在下一章討論適應與分化。

從進化的角度來看，生命在相當長的一段時間裏只屬於海洋這個事實也變得很好理解。在地球歷史的早期，有地質證據表明大氣層中的氧氣非常稀薄，於是缺少了由氧形成、能夠阻擋紫外線的臭氧層，使得陸地甚至淡水中的生物很難存活。一旦早期細菌與藻類的光合作用導致氧含量變得充足，這一重障礙便消失了，於是生物開始有可能涉足陸地。有證據表明在寒武紀之前一段時間大氣中的氧氣含量出現了上升，這也許促進了更大且更多的複雜動物的進化。同理可知，會飛的昆蟲與脊椎動物化石在陸地動物之後出現也是理所當然的，因為真正的飛行動物不大可能從純粹的水生生物進化而來。

從進化學角度分析，生物類型周期性地增多與分

化，之後又大規模地滅絕(三葉蟲與恐龍的遭遇)或減少至一兩個倖存種(如腔棘魚類)，這一現象同樣合乎情理。進化的機制並沒有前瞻性，也不能保證它們的產物能夠從巨大而突然的環境變化中倖存。同理可知，在進入一個新的棲息地後(例如入侵陸地)，或是在一個佔據優勢的競爭種滅絕之後(例如在恐龍滅絕之後的哺乳動物)，物種的迅速分化也符合進化原則的預期。

因此，基於生物學知識對化石記錄的解釋符合地質學家應用於地球歷史的均變論原則。化石證據也可能存在一些不符合進化論的實例。據說，偉大的進化學家與遺傳學家霍爾丹(J.B.S. Haldane)在被問到什麼樣的觀測結果會讓他放棄對進化論的信念時曾回答道：「一隻寒武紀之前的兔子。」迄今為止，還未發現此類化石。

## 空間上的印記

正如達爾文在《物種起源》的十五章中花費兩章內容所描述的，另一組只有基於進化論才能解釋的重要事實來自生物的空間而非時間的分佈。其中最驚人的例證之一是那些海島(例如加拉帕戈斯群島與夏威夷群島)上的動植物們。有地質證據證明這些群島是由火山運動形成的，它們從未與大陸相連。根據進化理論，這種群島上現存的生物一定是那些能夠穿越這些新近形成的海島與最近的已居住海島之間遙遠距離的

生物的後代。這對我們可能觀測到的結果造成了一些限制。首先，外來物種要在新形成的島嶼上定居，其難度可想而知，這意味着很少有物種能夠生存下來。其次，只有那些具備某些特徵，能夠穿越數萬海裏大洋的物種才能最終扎根。第三，即使在這些能夠扎根的物種之中，也存在着許多不確定因素，因為能夠到達島上的物種數量極少。最後，在如此偏遠的島嶼之上，進化所能形成的許多類型在其他地方都不可能出現。

這些設想都被很好地驗證了。與有着相似氣候的大陸或沿海島嶼相比，海島上主要生物群的種類的確相對較少。在海島上發現的生物種類（在人類進駐之前），是其他地區的非典型物種。例如，島上通常具有爬行動物與鳥類，而陸地哺乳動物與兩棲動物總是不存在。在新西蘭，在人類進駐之前這裏沒有陸地哺乳動物，不過存在着兩種蝙蝠。這說明蝙蝠能夠橫跨遼闊的海洋。在人類將許多物種引入之後，它們的瘋狂蔓延說明當地的環境並非不適合它們生存。但即使是當地主要的動植物群，也經常出現整個群體消失的情況，而其他存活的物種也通常不成比例。因此，在加拉帕戈斯群島上，陸地鳥類的種類只有20多種，其中14種是雀科鳥類，這些著名的雀類在達爾文搭乘小獵犬號環遊世界時被記載在他的旅行手記中。這與地球上其他地區的情況不同，在其他區域雀類只是陸地鳥類中一個很小的組成部分。這正符合我們之前的預

期：最初，只有很少種類的鳥類進駐這個島嶼，其中的一種為雀類，而它們成為了如今雀類物種的祖先。

正如這種觀點所預期的，海島的物種有着許多屬於自身獨一無二的特性，與此同時它們也表現出與大陸物種之間的聯繫。例如，在加拉帕戈斯群島上發

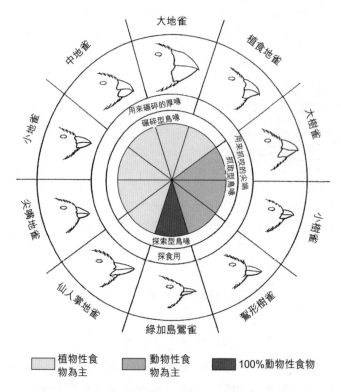

圖12　達爾文雀類的鳥喙，展示了不同食性的物種的鳥喙在大小與形狀上的差異。

現的植物種類中，有34%的物種從未在其他地區出現過。達爾文雀類的鳥喙大小與外形也比一般的鳥兒(通常擁有大而深的鳥喙，主要吃種子)要遠為多樣化，它們顯然適應於不同的捕食模式(圖12)。這些鳥喙中有些相當不同尋常，例如有着尖銳鳥喙的尖嘴地雀喜歡啄食築巢海鳥的臀部，吸食它們的血液。

形樹雀使用小樹枝或仙人掌刺獲取枯木中的昆蟲。更為壯觀的瘋狂進化例證來自海洋島嶼中的其他類群。例如，夏威夷島上的果蠅種類數量超過世界上其他任何地方，而它們在身體大小、翅膀樣式以及進食習慣方面差異巨大。

如果這些海島物種的祖先首次進入此島嶼時，發現這個環境裏沒有已經到達的競爭者，這些觀察結果就容易理解了。這種情況將會容許它們進化出與新的生活方式相適應的特性，使得原先的物種分化成為幾種不同的後代。儘管在達爾文雀類中發現了許多不同尋常的結構與行為上的變異，但採用第三章與第六章的方法對它們的DNA進行的研究表明，這些物種在約230萬年前有着共同的祖先，與大陸的物種親緣關係也非常接近(圖13)。

正如達爾文在《物種起源》一書中描述加拉帕戈斯群島上的居住者時所寫到的：

在這裏，幾乎所有的陸地與水生生物都有着來自

美洲大陸的明確印記。這裏有26種陸生鳥類，古爾德先生把其中的25種歸為特殊種，它們應該是生於斯長於斯的；但是它們中的大多數與美洲物種在習性、姿態、叫聲等各種特徵上的相似都是顯而易見的。其他的動物也是如此，還有幾乎所有的植物——正如虎克(Hooker)博士在他有關這個群島上植物的絕妙回憶錄中所寫的。這位博物學家看到這些距離大陸幾百英里遠、太平洋中的火山群島上的生物時，依然覺得自己彷彿置身於美洲大陸上一般。為什麼會這樣呢？為什麼這些本應該是加拉帕戈斯群島上獨創、別處都沒有的物種，與美洲大陸上的物種會如此相似？它們的生存條件、地質特徵、海拔或是氣候，或是物種的組成結構，與南美洲沿岸的情況都不密切相似。事實上它們之間在所有這些方面都存在相當大的區別。

毫無疑問，進化論為這些問題提供了解釋，在過去的150年裏對海島生物的研究已經充分證明了達爾文的高瞻遠矚。

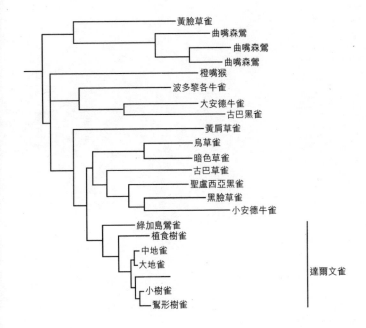

圖13　達爾文雀類與它們近親的系統發育樹。這棵發育樹是基於不同物種線粒體中一段基因的DNA序列的差異。水平分支的長度說明不同物種間差異的大小(從最接近物種的0.2%到最疏遠物種的16.5%)。系統發育樹表明加拉帕戈斯群島上的物種很顯然有一個共同的祖先，它們都有着相似序列的這個基因，與距今很近的祖先的序列相一致。與之相對的是，其他具有親緣關係的雀類物種彼此間的差異要大得多。

# 第五章
# 適應與自然選擇

## 適應的問題

　　進化論的一個重要任務就是在生物間不同層次的相似性下解釋生物多樣性。在第三章中，我們強調了不同類群間的相似性，以及這些現象如何符合達爾文的後代漸變理論。進化論另一個主要的內容就是為生物的「適應」提供科學的解釋：它們良好的工藝設計外觀，它們與不同生活方式相適應的多樣性。這些都使得本章成為本書中最長的一章。

　　適應的經典例子數不勝數，我們將舉出其中的幾個來說明問題的本質。不同類型的眼睛的多樣性本身就非常令人驚訝，不過與不同動物所生活的不同環境相聯繫來看就可以理解。在水底使用的眼睛與在空氣中使用的不同，捕食者的眼睛具有特殊的適應性，能夠看穿被捕食者進化出的偽裝。許多水底的捕食者捕食透明的海洋生物，它們的眼睛有着特殊的增強對比度的功能，包括紫外線透視以及偏振光透視。另一個著名的適應例子是鳥類翅膀中中空的骨頭，它們的內部支桿與飛機機翼非常相似(圖14)；還有就是動物關節

處精巧的結構，其表面使得移動的部分能夠彼此順滑地移動。

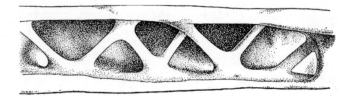

圖14　禿鷲中空的骨胳，以及它內部加固的支桿。

　　動物與食性相關的適應以及它們所捕食獵物的反饋性適應還有許多其他例子。蝴蝶擁有長長的口器，用來直達花朵的深處、吸食花蜜；相應地，花朵用艷麗的顏色與特殊的氣味吸引昆蟲，並為它們提供花蜜。青蛙與變色龍有着長長的舌頭，能夠通過粘性的舌尖捕食昆蟲。許多動物的適應性能夠幫助它們逃避捕食者，其外表則取決於所生存的環境。許多魚類擁有銀色的外觀，這使得它們在水裏不容易被發現，但是陸地動物很少會有這樣的顏色。一些動物有着隱蔽色，與樹葉或樹枝，或者其他有毒有刺的動物顏色相近。

　　適應性在動物、植物以及微生物的許多細節部分同樣能發現，包括每一個層次，小到細胞的機制及其控制(我們在第三章中講述過)。例如，細胞分裂與細胞遷移是由蛋白分子組成的微小發動機所驅動。遺傳

物質在產生新的細胞時被複製，此時新產生的DNA會進行校對工作，這大大降低了有害突變發生的概率。細胞表面的蛋白複合物選擇性地允許某些化學物質透過，而阻止了另一些化學物質的進入。在神經細胞中，這種控制被用於調節穿越細胞表面的帶電金屬離子流，從而產生沿着神經傳遞信息的電信號。動物行為模式是它們神經活動模式的最終輸出結果，無疑是對它們生活方式的適應。例如，在鳥類中，巢寄生性鳥類例如杜鵑會將宿主原本的蛋或幼鳥移出巢穴，使得宿主撫養它們的後代。相應地，宿主鳥類變得更為警覺以適應這一現象。種植真菌「花園」的螞蟻進化出了一些行為，包括清除掉污染它們腐爛葉子的真菌孢子。甚至生物的老化速率都與動植物生長環境相適應，這一點我們將在第七章中進行闡釋。

在達爾文與華萊士之前，這種適應性似乎是由造物主創造的。似乎沒有其他方法能夠解釋生物體各方面令人驚訝的精細而完美的細節，正如一塊手錶的複雜程度不可能是純自然的產物。18世紀神學家們提出「創世論」來「證明」造物主存在，其主要依據就在於沒有其他解釋，而「適應」一詞的提出是用來描述生物都擁有對它們有用的結構這一現象的。我們要明白，將這一現象表述為「適應」將導致一個問題。認識到適應需要一個解釋，這對於我們了解生命有着重要的作用。

毫無疑問，動植物與其他自然產物如岩石或礦物是不同的，我們在「動物、植物、礦物」[1]這一遊戲中已經了解了。但是創世論忽視了這種可能性：在產生礦物、岩石、山川的作用之外，可能還會有自然的過程，它們能夠將生物解釋為複雜的自然產物，而不需要造物主的參與。對適應來源的生物學解釋取代了造物主的觀點，並成為後達爾文進化學說的中心思想。在本章中，我們將描述適應的現代理論以及它的生物學原因與基礎。這些都基於我們在第二章中所概述的自然選擇理論。

## 人工選擇與可遺傳變異

　　達爾文最早提出並強調的一個高度相關的觀察結果是，人類可以有規律地對生物進行改變，能夠產生與我們在自然界所見相同的外表。這通常來源於對具有所需要特徵的動植物進行人工選擇，或是選擇性育種。在相對於進化的化石記錄而言較短的時間內即可培育相當大的變化。例如，我們已經產生出各種不同品種的捲心菜，包括一些奇特的品種例如花椰菜或西蘭花，它們都是產生巨大花朵、形成巨型頭部的突變

---

1　「動物、植物、礦物」是維多利亞時代英國的傳統文字遊戲。一位玩家在心中想像一個物品，另一位玩家要在20個問題後猜出這是什麼。但是對於20個問題，第一位玩家只能用「是」或「否」來回答。如果回答是類似於「不知道」這樣的答案，那麼這個問題將不被計入問題總數內。

體，而像球芽甘藍這樣的品種，則具有不同尋常的葉子發育(圖15A)。與之相似，許多種類的狗是由人類培育的(圖15B)，正如達爾文所指出的，它們之間的差異與自然界中兩種不同物種間的差異很類似。然而，儘管所有的犬屬動物(包括土狼與豺狼)都是近親，也可以進行雜交，不同品種的狗並不是由不同的野狗物種馴化而來，而是在過去一兩千年(幾百個狗世代)的人工選擇下，來自一個共同的祖先——狼。狗基因的DNA序列基本是狼的序列的子集，而土狼(據化石判斷，它們的祖先在100萬年前與狼的祖先分離)無論與狼還是狗的差異都比差異最大的狼/狗還要大上兩倍。狗與狗之間相同基因的序列差異可能在狗與狼分離開之後產生，這種差異可以用來推斷它們的分離的發生時間(見第三章)。結論是狗在遠超過1.4萬年之前就與狼分離——這個時間由考古證據所證實，但是不超過13.5萬年前。

人工選擇的成功可能是由於在種群與物種中存在可遺傳的變異(我們在第三章中所描述的正常個體間細微的區別)。即使沒有任何遺傳的概念，人們已經讓那些具有他們所喜愛或有用特徵的動物進行繁殖，在經過足夠多的世代之後這個過程已經產生彼此間差異巨大的株系，而它們與最初馴化的祖先形態也截然不同。這清晰地說明馴化物種中的個體彼此間必定是不同的，有許多不同能夠傳遞給它們的後代，這意味着

它們是可遺傳的。如果這些不同只是因為動物或植物被對待的方式不同，選擇性育種與人工選擇對於下一代則沒有影響。除非這些不同能被遺傳，否則只有通過改進培育方式才能提高品種質量。

羽衣甘藍　　球牙甘藍　　西蘭花　莖藍　　捲心菜　　花椰菜

圖15　A. 一些捲心菜栽培品種的變異種。B. 不同品種的兩隻狗的大小與外形差異。

每個你所能想到的性狀都能夠在遺傳上發生變化。眾所周知，犬類的不同品種差異不只體現在外觀與大小，還體現在心理特質例如性格與氣質上：有一些比較友善，而其他的一些則很兇猛，適合作為看門犬。它們對於氣味的興趣不同，它們有些傾向於叼東西，有些喜歡游泳；智力上也同樣存在差異。它們所易感染的疾病也不同，一個著名的例子就是斑點狗容易患上痛風。它們的衰老速率甚至也存在差異，有些品種例如吉娃娃，有着令人驚異的長壽(壽命幾乎與貓一樣長)，而其他的一些品種例如大丹狗，壽命則只有吉娃娃的一半。當然，所有這些特質都會受到環境因素的影響，例如良好的照顧與治療，但它們依然受到遺傳的強烈影響。

　　相似的遺傳差異在其他許多家養品種中也同樣出現。另一個例子——不同品種蘋果的品質就是可遺傳的差異。它們包括了對不同人類需求例如早熟或晚熟、適合做菜或是生食的適應，以及對不同國家的不同氣候的適應。與犬類的例子類似，在人工選擇進行的同時，其他選擇過程也同樣在蘋果中進行，不是所有令人喜愛的特徵都會臻於完美。例如，考克斯蘋果是一種非常好吃的蘋果，但是它非常容易受到病菌的侵害。

## 可遺傳變異的種類

　　人工選擇的成功有力地證明了動植物的許多性狀

差異是可遺傳的。眾多遺傳學研究證明了在自然界中許多生物同樣具有可遺傳的性狀多樣性，包括動物、植物、真菌、細菌及病毒的諸多物種。多樣性來源於基因DNA序列的隨機突變過程，此過程已得到充分認識，與那些引起家族性遺傳疾病的過程(第三章)相類似。這些突變中的大多數可能是有害的，例如人類或家畜的遺傳疾病，但是有時候也存在着有益的突變。這些突變已使得動物對於疾病具有抵抗力(例如家兔中兔粘液瘤病抗性的進化)。這些也帶來了當今社會的一個重要問題：害蟲們進化出了對化學藥劑的抗性(包括老鼠對於殺鼠靈的抗性，寄生在人類與家畜身上的寄生蟲對於驅蟲藥的抗性，蚊子對於殺蟲劑的抗性，以及細菌中的抗生素抗性)。正是由於它們與人類或動物的福祉息息相關，人們對它們中的許多實例已經進行了非常仔細的研究。

可遺傳的差異在人類中也有眾所周知的事例。變異可能會表現為「離散的」性狀差異，例如我們前文中提到的眼睛與頭髮的顏色。這些是由單個基因中的差別控制的變異，不受環境因素的影響(或是影響極其微小，例如金髮人群的頭髮被日光所漂白)。諸如此類的常見多樣性被稱作多態性。有些情況例如色盲也是簡單基因差別，但是在人群中屬於非常罕見的變異。甚至連行為方式都可能會遺傳。一個火蟻群應該有一個還是多個蟻后，這可能是由單個基因上的一個差

異控制的，這個基因編碼的蛋白質連接的化學物質參與個體識別。

「連續的」變異同樣在種群的許多特徵中十分明顯，例如人們的身高與體重的漸變。這種變異通常受環境影響較大。20世紀許多不同的國家中都出現了後代身高的增加，這並不是因為遺傳的改變而是生活環境的變化，包括更好的營養條件和童年時期嚴重疾病的減少。然而，在人類種群的此類特徵中同樣存在某種程度的遺傳因素。這是通過對同卵雙胞胎和異卵雙胞胎的研究獲得的。異卵雙胞胎是普通的兄弟姐妹關係，只不過是碰巧在同一時間懷胎，他們之間的差異與任何兄弟姐妹一樣；但是同卵雙胞胎來自於一個一分為二的受精卵，在遺傳學角度上是完全一樣的。人們業已證明，同卵雙胞胎比異卵雙胞胎在許多特徵上都更為相似，這肯定是由於他們的遺傳相似性(當然，要注意對同卵雙胞胎的照顧方式不可以比異卵雙胞胎的更相像；例如，應該只研究相同性別的兩種雙胞胎)。儘管環境影響非常重要並且明顯地經常存在，各式各樣的證據都一致表明許多特徵變異都需要一定程度的遺傳基礎，包括智力方面。人們已經在眾多生物的各類特徵中驗證了可遺傳變異的存在。甚至連動物在階級中的位置，或者說社會等級，也是可遺傳的；這種現象已經在雞群與蟑螂中得到體現。連續遺傳變異性的大小可以通過不同程度的近親間的相似性進行

測定。這在動物與農作物育種中發揮了很大作用，飼養員們能夠通過這種方法預測不同親本產生後代的性狀，例如奶牛的產奶量，由此對育種進行規劃。

遺傳差異歸根到底就是DNA「字母」的差異。這通常不會導致蛋白質的氨基酸序列改變。當不同個體間相同基因的DNA序列進行比較時，我們就能夠發現差異，儘管與不同物種間的序列差異(第三章中討論過這種差異，見圖8)相比通常要小得多。例如，第三章中提到的，可以將來自不同個體的葡萄糖–6–磷酸脫氫酶的基因序列進行比較，可能不存在任何差異(那麼就沒有多樣性)。如果有些種群中的個體存在變異的基因序列，那麼在部分比較中將會展現出差異。這被稱作分子多態性。遺傳學家通過比較種群中個體間存在差異的DNA序列的小片段，對這種多樣性進行測定。在人類中，當比較不同人之間相同的基因序列時，通常我們會發現不足0.1%的DNA字母存在不同，而與之形成對比的是人類與黑猩猩間的差異通常達到1%左右。在一些基因中多樣性較高，而在另一些中則相對較低，正如我們所預測的，那些可能不那麼重要的區域的不編碼蛋白質的基因變異通常要高於編碼蛋白質基因的變異。與大多數其他物種相比，人類的變異性相當之匱乏。例如，DNA多樣性在玉米中更為常見(超過2%的玉米DNA字母是可變的)。

物種中變異性的分佈能夠為我們提供有用的信

息。要繁殖不同性狀的狗時，只有親本的性狀十分一致，才能進行育種。這是由於嚴格的純血統規則，它對犬類的雜交進行控制，禁止不同品種間出現「基因流動」。一個品種所需要的特性，例如銜回獵獲物，便只會在這一個品種中進行充分培育，不同的品種彼此相異。這種品種間的隔離是不符合自然規律的，不同品種的狗能夠愉快地進行交配並產下健康的後代。狗的許多變異性相應地是在品種間產生的。許多自然界的物種生活在不同的地理隔絕的種群中，正如我們所預料的那樣，此類物種作為整體的多樣性比生活在一起的單一種群中的多樣性要大得多，因為在種群間存在着差異。例如，某些血型在某些人種中更為常見(見第六章)，對於許多其他基因變體來說也是如此。然而，與犬類品種不同，在人類及自然界的其他許多物種中，種群間差異與種群內部的多樣性相比要小得多。這種差異是因為人類在種群間能夠自由移動。這些基因結果的一個重要含意就是，人類種族是由我們基因組中的極小部分基因區分開的，在全球範圍內，我們大部分的遺傳結構的變異有着相似的範圍與異質性。現代社會愈來愈高的移動性正在快速降低種群間的任何差異。

## 自然選擇與適應

自然條件下進化論的一個根本理論就是，一些可

遺傳的性狀差異影響着生存與繁殖。例如，正如為了速度而對賽馬進行篩選(通過將冠軍馬與其近親進行雜交)，羚羊也天生就被用速度篩選過，因為只有那些不被捕食者吃掉的個體才能繁殖下一代。達爾文與華萊士意識到了這個過程能夠解釋對自然條件的適應。我們通過人工選擇改造動植物的能力取決於這種性狀是否可遺傳。如果存在可遺傳的差別，那麼自然界中那些成功的個體同樣也會把它們的基因(通常還有它們優秀的特質)傳遞給下一代，而下一代就相應具備了適應性的特質，例如速度。

為了簡潔，也為了能讓人用普通名詞思考，「適應性(fitness)」一詞經常會被用於生物學寫作中，代表生存及繁殖的總能力，不需要詳述所提及的是哪些性狀(正如我們用「智力」一詞來代表一系列不同的能力)。適應性包括生物體的諸多不同方面，例如，速度只是影響羚羊適應性的一個因素。警惕性與發現捕食者的能力也很重要。然而，僅生存是不夠的，繁育後代的能力，例如為後代提供保障與照顧，對於動物的適應性而言同樣重要；對於開花植物的適應性而言，吸引傳粉者的能力尤為關鍵。因此適應性一詞可以被用來描述對範圍極廣的不同性狀的選擇。正如「智力」所遭遇的，「適應性」一詞的籠統性也使得它引起誤讀與爭議。

為了了解哪些性狀可能在生物體的適應過程中發

揮重要作用，我們必須深入了解它的生活規律與生存環境。同樣一種特性，在一個物種身上可能會使其具有良好的適應性，而對另一個物種則不盡然。例如，對於一隻通過隱蔽色來躲避捕獵者的蜥蜴而言，速度並不是適應的重要因素。對於一隻居住在樹上的蜥蜴而言，善於抓住樹枝比跑得飛快要重要得多，因此短腿相比長腿而言，更具有適應性。對於羚羊而言速度是適應性的，但站住不動避免被捕食者發覺也是許多動物躲避獵殺的一種選擇。另外一些動物通過嚇跑對方來躲避捕食者：例如，有些蝴蝶的翅膀上有眼狀班紋，它們能夠突然展開而把鳥類嚇跑。植物顯然不能移動，但它們也有各式各樣的方法來躲避被吃掉的命運，例如有些吃起來苦澀，而有些則長滿了刺。所有這些不同的性狀都可能會提高生物的生存和/或繁殖的概率，從而提升它們的適應能力。

正如我們在第二章中所表明的，考慮到眾多性狀的遺傳變異性，以及環境因素的不同，自然選擇不可避免地會發生，而種群與物種的遺傳組成將會隨時間變化。這種改變通常會以年為單位緩慢進行，因為種群中的一個遺傳變體從稀有變成普遍，通常需要許多代的時間。在動植物的繁殖過程中，常會發生嚴苛的選擇(例如，當疾病使某畜群或作物中的大部分病死時)，但是改變依然要花費許多年時間。據估計，玉米是在約一萬年前被馴化的，但是現代的巨型玉米棒卻

是近代的產物。儘管進化的改變以年為單位來看非常緩慢，在化石記錄的時間尺度上，自然選擇造成的改變卻是迅速的。有益的性狀在種群中傳播開來的速率一開始可能極低，用時則短於地層中兩個相鄰層之間的時間(一般至少幾千年，見第四章)。

　　儘管相對於我們的生命而言，自然選擇發生得太過緩慢，我們通常看不到它的發生，但是自然選擇從未停止。甚至我們人類也還在進化。例如，我們的飲食結構已與我們的祖先不同，因此儘管我們的牙齒並不十分堅硬，但是它很適應現代柔軟的食物。許多現代食物的高含糖量容易導致蛀牙，甚至是致命的膿腫，但是堅硬的牙齒已不是自然選擇所必須的了，因為牙醫能夠解決這些問題，或者是換上假牙。正如其他如今不再有強烈需求的功能可想而知會發生改變，我們的牙齒可能有一天也會退化。我們的牙齒已經比我們的近親黑猩猩要小得多，我們還沒有阻止它們繼續變小的理由。我們的飲食中過量的糖分還導致繼發性糖尿病發病率的上升，這種病的致死率非常高。過去，這種疾病主要發生在過了育齡的成人身上，但是現在發病的年齡正持續提前。因此，為了適應我們飲食習慣的改變，一種新的(或許還很強烈)選擇壓力正趨向於改變我們的代謝特徵。在第七章中，我們將展示這些人類生活中的改變是如何使人們進化得越來越長壽的。

　　適應性的概念經常被人們誤解。當生物學家嘗試

對這個詞進行解釋時，他們通常會使用與我們日常所說的「適應」相關的例子，例如羚羊的速度。如果我們舉鳥類那中空而由支桿交叉強化的輕質骨骼做例子，可能就不那麼容易混淆(圖14)。自然選擇理論是這樣解釋這種看起來設計精良的結構的：當飛行能力進化時，有着更輕便骨骼的個體的生存幾率會比其他個體略微高一些。如果它們的後代繼承了這種輕便的骨骼，那麼在數代之後的種群中這個特徵就會增多。這與人工育種是相似的，在人工育種中飼養員們篩選跑得最快的狗，最終使得所有的靈緹犬有着纖長的腿部。這種腿在跑起來時比短腿更有效率，靈緹犬的腿與羚羊或其他跑得快的動物的腿十分相像，而這些動物都是在自然選擇下進化而來的。就算不引入「適應性」的概念，我們也能準確地對自然選擇與人工選擇進行描述。自然選擇就意味着特定的可遺傳變體可能會優先被傳遞給後代。攜帶有削弱生存或繁殖能力基因的個體，較攜帶有提升生存或繁殖能力基因的個體而言通常沒有那麼多機會將基因傳給下一代。「適應性」僅僅是一個有用的縮略詞，用來概述「性狀有時會影響生物的生存和/或繁殖概率」這一思想，且不用特意指出某個性狀。在建立自然選擇影響種群基因組成的數學模型時，這個概念也非常有用。這些模型的結論為本章的許多論述提供了嚴謹的基礎，不過我們在此不做贅述。

為了說明對於有益突變的選擇，我們可以將目光投向人類與老鼠的「軍備競賽」。我們嘗試各種針對老鼠的毒藥，而老鼠則進化出抗性。殺鼠靈通過阻止凝血來殺死老鼠。它抑制了維生素K代謝過程中一種酶的活性，而維生素K對於凝血與其他許多功能都十分重要。有抗性的老鼠一開始十分稀少，因為它們的維生素K代謝被改變了，這降低了它們生長與存活的概率。換句話說，這就是產生抗性的代價。然而，在施用了殺鼠靈的農場與城市中，只有那些有抗性的老鼠能夠存活下來，因此儘管需要付出代價，自然選擇的力量依然很強大。由此，帶有抗性的基因在老鼠種群中傳播至很高的攜帶率，儘管此基因的副作用使得這個基因不能傳播到每一個個體。然而，近期的情況是進化出了一種新型的似乎無副作用，甚至可能有益(沒有了毒性)的抗性。因此，在老鼠的生存環境改變的情況下，進化將會持續發生。

變異與選擇在許多系統中都十分常見，不僅僅是生物個體。遺傳物質中某些特定的組分被保留下來，並不是由於它們能夠增強攜帶它們的生物的適應性，而是由於它們可以在遺傳物質本身當中複製增殖，就像生物體中的寄生蟲。人體中有50%的DNA被視為歸於此類。另一個人體中自然選擇驅動進化改變的重要例子是癌症。癌症是一種細胞無視身體其餘部分利益、自顧自無限增殖的疾病。這種疾病通常由一種能

夠增大其他基因突變概率的突變(例如，第三章中所提到的校對系統失效，這種系統檢查DNA順序，阻止突變)所導致。一旦突變發生的頻率增大，其中的一些將影響細胞的增殖速率，則可能會出現一個快速增殖的細胞系。隨着時間的推移，攜帶有其他基因突變的細胞不斷增殖出越來越多的細胞，生長越來越快，最終癌症通常變得越來越嚴重。癌症細胞同時還能對抑制它們生長的藥物產生抗性。如同眾所周知的愛滋病患者中愛滋病病毒的抗藥性進化一樣，獲得突變從而免受藥物抑制的癌症細胞同樣能比初始類型的細胞長得更快，進而使癌症無法緩和。這就是為什麼在病情緩解後重新開始藥物治療效果往往甚微的原因。

在另一個極端，擁有不同性狀的物種的滅絕速率可能存在不同，即在物種層面上可能也存在着選擇。例如，個頭較大的物種的種群規模與繁殖速率通常較低，相對於個頭較小的物種而言更容易滅絕(見第四章)。與之相對，相同物種中，不同個體間的自然選擇通常更青睞較大的個頭，這可能是由於較大的個體在食物或配偶的競爭中佔據更大的優勢。相關物種身體大小的一系列分佈情況可能是兩種不同類型的選擇共同作用的結果。然而，物種內部對個體的選擇也許是最為重要的因素，因為它首先產生了不同大小的身體，而且它發揮作用通常比物種層面的選擇要快得多。

選擇對於非生物事件而言也十分重要。在設計機器與電腦程序時，想要達到最優設計，一種非常有效的方法就是不斷地對設計進行隨機而微小的調整，保留下效果良好的部分，刪除其他部分。這種方法越來越多地被運用於解決複雜系統的設計難題。在這個過程中，設計師不考慮整體規劃，只考慮所需要的功能。

## 適應與進化史

自然選擇的進化理論將生物的特性解釋為連續變化的積累結果，每種變化都提升了生物的存活率或是繁殖成功率。哪些改變可能發生取決於生物的先前狀態：突變只能在一定範圍內對動植物的發育進行修飾，這個範圍是由形成成熟生物的現有發育程序所限定的。動植物育種人所進行的人工選擇的結果說明，改變身體部分的大小與形狀，或是明顯改變生物的外在特徵如外表顏色(例如在狗的不同品種中)，相對而言較為容易。顯著的改變很容易由突變引發，實驗遺傳學家們也很容易創造一種老鼠或是果蠅株系使其與正常形態之間的差別比野生種類彼此之間的差別大得多。例如，在實驗室中，我們可以製造出一隻有着四隻翅膀而不是正常的兩隻翅膀的果蠅。然而，這些重大改變通常會嚴重影響生物的正常發育，降低它們的生存與繁殖成功率，因此不大可能被自然選擇所青

眛。甚至連動植物育種人都會避免此類現象的出現(儘管這類突變已經被用於培育不尋常的鴿子與狗，這些動物的健康對於育種者來說沒有對於農民那麼重要)。

由於上述原因，我們推斷進化將向著先前的方向微調前進，而不是突然跳躍到一個全新的狀態。這在那些需要許多不同組件共同調整的複雜特徵，例如眼睛(我們將在第七章中詳細討論)中體現得尤其明顯。如果其中一個組件發生了徹底的改變，即使其他部分未發生改變，它們的協作也將受到影響。新的適應性進化時，通常都是在原先結構上的修改版本，而且一般最開始並不會處於最佳狀態。自然選擇就如同一個工程師，對機器修補、改正以提高性能，而不是坐下來計劃好全新的設計。現代的螺絲刀能夠用於精密的加工，它有一系列的刀頭能夠適用於不同的用途，但是螺釘的祖先只是一個由大釘通過一端孔洞旋轉的粗紋螺栓。

儘管我們經常驚訝於生物的適應性的精密與高效，它們之中依然存在許多笨拙的修補——一些只有放在它們祖先身上才能理解的特徵告訴了我們這一點。畫家用肩上的翅膀來表示天使，使得它們能夠繼續使用上肢。但是所有真實存在的能飛或能滑翔的脊椎動物的翅膀都是改良的前肢，因此翼龍、鳥類以及蝙蝠，都不能夠使用前肢的大部分原始功能。類似地，哺乳動物心臟與循環系統有着神奇的特徵，反映

着這個系統從起源至今逐步修補的歷史。最初在魚體內從心臟泵出血液到達魚鰓，然後再到達全身(圖16)。循環系統的胚胎發育清晰地透露了它進化層面的祖先。

有些時候，在不同的類群中，針對同一個功能性的問題，可能會獨立進化出相似的解決方案，導致十分相似的適應性，然而由於不同的進化歷史，它們的細部特徵又大為不同，例如鳥類與蝙蝠的翅膀。因此，儘管不同生物具有相似性通常是由於它們具有親緣關係(如同我們與猿)，兩個親緣關係很遠的物種生活在相似的環境中有時也會比親緣關係更近的物種看起來更為相像。如果被這種形態學上的相似與差異誤導，可以通過DNA序列的相似與差異發現它們真實的

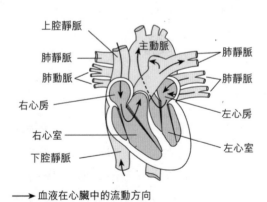

圖16　哺乳動物心臟與血管高度複雜的結構。注意肺動脈(輸送血液至肺部)笨拙地扭曲在主動脈(將血液輸送至身體其他部位)與上腔靜脈(將腦部的血液運送回心臟)之後。

進化關係，正如我們在第三章所述。例如，幾種不同的江豚在世界上幾個不同區域的大河裏進化生存。它們共有某些與公海中物種區別開來的特徵，特別是簡化的眼睛，因為它們生活在混濁的水中，更多地依靠回聲定位而不是視力導航。DNA序列比對結果表明，某種江豚物種與和它生活在同一個區域的海豚間的關係，比它與生活在其他地方的江豚間關係更為緊密。相似的環境導致相似的適應是説得通的。

儘管存在許多相似性，自然選擇與人工設計過程依然存在幾點差異。一點就是進化是沒有前瞻性的；生物只針對一時的主要環境情況發生進化，這樣產生的性狀也許會在環境劇烈改變時導致它們的滅絕。正如我們將在本章稍後部分所展示的，雄性之間的性競爭將產生一些嚴重減弱它們生存能力的結構；很有可能，在某些情況下，環境變得不利於生存，存活率降低至這個物種最終無法繼續維持下去，擁有多隻鹿角的愛爾蘭大角鹿就是這樣滅絕的。長壽生物的生育力通常進化至極低水平，例如禿鷲這樣的猛禽，每兩年產下一個後代(我們將在第七章中深入討論)。如果環境適宜的話，這些種群將會生活得很好，繁殖母禽的年死亡率也很低。然而，一旦環境惡化、死亡率升高，例如遭到人類侵擾，這可能會導致種群數量的急劇減少。現在這種情況依然發生在許多物種身上，已經導致了許多曾經數量巨大的物種的滅絕。例如，在19世

紀，繁殖緩慢的北美旅鴿因捕獵滅絕，儘管它最初的數量曾達到幾千萬隻。有些物種進化成為極為特殊的棲息地的領主，但是一旦由於氣候原因，這塊棲息地消失，它們也同樣容易滅絕。例如，中國熊貓的生存受到威脅，因為它們繁殖緩慢，而且以一種只生長在特定山區的竹子為食，而這種竹子現在正遭到砍伐。

自然選擇同樣並不必然產生完美的適應。首先，可能沒有時間將一種生物機制的各個方面調整到最好的狀態。當選擇的壓力來源於一對物種(例如宿主與寄主)間的相對作用時，這種現象將更為明顯。例如，宿主抵抗感染能力的加強增大了寄主克服這種抗性的選擇壓力，強迫宿主進一步進化出新的抗性，如此循環往復。這就是進化的軍備競賽。在這種情況下，沒有任何一方能夠長時間保持絕對的適應。儘管我們的免疫系統抵抗細菌與病毒侵擾的功能卓越，我們依然容易受到最新進化的流感與感冒病毒菌株的侵害。其次，正如我們之前所提到的，進化的修修補補的特性，即只能在已經產生的東西上進行調整，限制了進化所能達到的效果。脊椎動物眼睛中負責從光敏細胞中傳導信號的神經位於視網膜細胞的前部而不是後部，這從設計角度來看，似乎十分可笑，但是這是由於眼睛的這個部分是作為中樞神經系統的分支發育而來，這種發育方式最終造成了這樣的結果(章魚的眼睛與哺乳動物的類似，但是安排要更為合理，它的光敏

細胞位於神經的前部)。第三，一個系統某一方面功能的提升可能會造成其他方面功能的減弱，正如我們討論對殺鼠靈的抗性時提到的。這種情況可能會阻礙適應的改良。我們將在本章後面的內容以及第七章中討論衰老時提到一些其他的例證。

## 發現自然選擇

達爾文與華萊士在不了解自然選擇在自然界中產生作用的例證的情況下，提出自然選擇是適應性進化的原因。在過去的50年間，人們發現了許多自然選擇的實例並進行了仔細研究，有力地支持了該學說在進化論中的中心地位。我們在此只討論其中的幾個例子。現代社會中一種非常重要的自然選擇正在使細菌對於抗生素產生日益增強的抗藥性。這是一個被重點研究的進化改變，因為它威脅到了我們的生命，同時發生得非常迅速且(很不幸地)反復出現。在筆者寫下本段文字的這天，報紙的頭條就是：在愛丁堡皇家醫院裏發現了具有甲氧西林抗性的葡萄球菌。抗生素一旦被廣泛使用，不久就會出現有抗性的細菌。抗生素在1940年代被首次廣泛使用，之後不久微生物學家們就提出了對於細菌抗藥性的擔憂。《美國醫學雜誌》(其受眾主要為醫生)上的一篇文章就寫道：對於抗生素的濫用「充滿了對具有抗性的菌株進行篩選的風險」；在1966年(那時人們還沒有改變他們的做法)，另一位微

生物學家寫道：「難道沒有辦法引起普遍關注，以對抗生素抗性發起反攻嗎？」

抗生素抗性的迅速進化並不令人驚訝，因為細菌繁殖非常迅速，且具有龐大的數量，因此任何能夠使細胞產生抗性的突變都必定會發生在某個種群的某些細菌中；一旦這些細菌能夠在突變帶來的細胞功能改變下存活下來並且繁殖，一個具有抗性的種群就會迅速建立起來。人們可能希望抗性對於細菌而言代價昂貴，在老鼠對於殺鼠靈的抗性中最初的確如此，但是對於老鼠，我們不能指望這種情況持續太長時間。細菌遲早會進化得能夠很好地適應當前抗生素且自身不付出重大代價。因此，我們只有少量使用抗生素，保證它們只用在確實必要的情況下，並確保所有的感染細菌都在還來不及進化出抗性前就被迅速殺滅。如果在一些細菌還存活的情況下就停止治療，它們的種群中不可避免地就會包含一些具有抗性的細菌，這些細菌就可能會感染其他人。對抗生素的抗性還可以在細菌間，甚至是不同物種的細菌間傳遞。對家畜使用的用來減少傳染病以及促進生長的抗生素能夠引發抗性傳播至人類病原細菌。甚至這些後果都不是問題的全部所在。具有抗性突變的細菌不是它們種群之中的典型代表，但是在一些情況下它們有着高於平均水平的突變率，這使得它們能夠對選擇壓力更快地響應。

不論何時，只要人們用藥物去殺滅寄生蟲或是害

蟲，對藥物或殺蟲劑的抗藥性就會被進化出來。事實上，人們已經對成百上千例微生物、植物、動物的案例進行了研究。當愛滋病人使用藥物進行治療時，甚至愛滋病毒都會突變，進化出抗性使得治療最終失效。為了避免這種情況發生，經常使用兩種而不是一種藥物進行治療。因為突變是小概率事件，病人體內的病毒種群不大可能同時迅速獲得兩種抗性突變，但是最終，這種情況通常還是會發生。

這些都是自然選擇的實例，但就像人工選擇一樣，自然選擇也包括環境受到人為因素干擾而改變的情況。許多其他人類活動正在引起生物的進化改變。例如，為了象牙獵殺大象的行為似乎已經導致了大象中無牙品種的增多。在過去，這些大象屬於罕見、畸形動物。現如今，猖獗的獵殺行為使得這些不尋常的品種能夠較正常物種有着更高的生存與繁殖幾率，結果導致它們在大象種群中比例的上升。又比如，小翅膀的燕尾蝶飛行能力很差，但是在一些碎片化的棲息地中，或許由於這些飛不遠的個體更可能留在適合生存的棲息地裏，因此被自然選擇青睞。當人們清除花園或是農田裏的雜草時，也在對這些一年生植物的生存歷史進行選擇，使得它們更加迅速地產生種子。對於早熟禾這樣的物種，存在着發育更緩慢的個體，它們可以生存兩年甚至更久，但是這在密集除草的情況下將成為明顯不利的因素。這些例證不僅展示了進化

改變有多普遍而迅速，同時也說明我們所做的任何事情都有可能影響與人類有關的物種的進化。鑒於人類遍布於地球，極少有物種能不受到人類的影響。

生物學家同樣研究了許多純粹的不涉及人類棲息地退化或改變的自然選擇情況。其中最好的例子之一就是皮特與羅絲瑪麗・格蘭特(見第七章)在加拉帕戈斯群島達夫尼島上有關達爾文雀類中的兩個物種(地雀與仙人掌雀)長達30年的研究(Peter and Rosemary Grant)。這些物種的鳥喙平均尺寸與外形各不相同，但是每個物種的這兩種性狀都有相當的變異。在研究過程中，格蘭特的團隊有計劃地為島上每一隻鳥戴上環志，並測量它們的鳥喙，對每一隻雌鳥的後代也都進行了識別。研究者們跟蹤這些後代的倖存情況，並與對它們身體各相應部分的尺寸與外形的測定結合起來。譜系研究表明鳥喙特徵的變異與遺傳有很大關係，因此後代與親本相似。對於鳥類野外食性的研究表明，鳥喙的尺寸與形狀將影響鳥類處理不同類型種子的效率：大而深的鳥喙能夠更好地咬開大的種子，而對於小種子而言，小而淺的鳥喙更適用。受厄爾尼諾現象影響，加拉帕戈斯群島常有嚴重乾旱現象，而乾旱將影響到不同類型食物的數量。在乾旱的年份，除了一種種子特別大的物種外，大多數植物都不能產生種子。這意味着有着又大又深的鳥喙的鳥類比其他種類有着大得多的生存機會，這在種群數量統計中有了直接

體現：在旱季之後，兩個物種中存活下來的成年鳥類比起旱季之前都有更大且更深的鳥喙。此外，它們的後代也遺傳了這些特徵，因此這個由乾旱造成的選擇方向上的改變引起了種群組成的遺傳性改變——真正的進化改變。考慮到親本與後代之間的相似程度，這種改變的幅度符合通過觀測死亡率與鳥喙特徵間的聯繫所推斷的結果。一旦環境恢復到正常狀況，鳥喙特點與死亡率間的關係也發生了變化，大而深的鳥喙不再具有優勢，而種群數量也後退到了之前的情況。然而，即使在不乾旱的年份裏，環境中依然存在許多微小的變化，它們將導致鳥喙與適應性間的關係出現變化，因此在整個30年間，鳥喙的特徵一直波動，兩種鳥類的種群數量最終都與一開始時有顯著不同。

花朵對昆蟲及其他傳粉者的適應是另一個很好的例子。對一株將與同一物種的其他植株進行交配的植物來說，必須吸引傳粉者來拜訪它們的花朵，並給予這些傳粉者獎勵(用可食的花蜜或是額外的花粉)，以保證它們能夠再去拜訪同種的其他植物。無論是植物還是傳粉者，在此互動中都在進化，為自己爭取最大的利益。例如，對於蘭科植物，為了讓花粉塊能夠在傳粉蛾子來訪時牢牢地貼附在它們的頭部，讓這些蛾子能夠深入到花朵內部很重要。這可以使得花粉塊在蛾子拜訪下一朵花時，準確落到花朵的合適部位，使花朵成功受精。這需要花朵的花蜜差不多恰好處在蛾子

的口器所能到達的範圍之外，這種需求驅動了對蜜腺管長度的自然選擇，於是蜜腺管長度異常的花朵的受精概率將降低。蜜腺管太短的花朵會使得蛾子不用拾起或儲存花粉就可以吮吸到花蜜，而蜜腺管太長的花朵將浪費花蜜，就像一盒果汁，它所附的吸管總是太短而不能把盒子中的果汁全部吸出。在果汁盒子行業，這種浪費將會造福果汁銷售商，使得他們能夠賣出更多果汁，但是對於植物來說製造無用的花蜜將丟失能量、水分與營養，這些資源本應該用在更需要的地方。

一種生活在南非的劍蘭每株植物只有一朵花，有着更長蜜腺管的個體比一般個體更容易產生果實，同時每個果實中的種子數量也比一般個體要多。這種植物的蜜腺管長度平均為9.3厘米，而它們的傳粉者天蛾的口器長度在3.5–13厘米之間。沒有攜帶花粉的蛾子都擁有最長的口器。這個地區其他不為這種植物傳粉的天蛾物種的口器長度平均不足4.5厘米。這說明選擇的力量使得花朵與蛾子都去適應彼此，達到某些情況下的極值。有一些生活在馬達加斯加的蘭花種類的蜜腺管長度甚至達到30厘米，而它們傳粉者的口器則長達25厘米。在這些物種中，已經有實驗演示對長度的自然選擇，在實驗中蜜腺花距被打結以縮短其長度，使得蛾子帶走花粉塊的幾率降低。

類似的選擇與反選也影響着我們與寄生蟲的關係。人們已對若干種人類適應瘧疾的方式進行了深入

研究，也已經明顯進化出許多不同的防禦方法，其中就包括在複雜的生命周期的某些階段，瘧原蟲生活的紅細胞發生的改變。與老鼠產生殺鼠靈抗性的情況類似，這種防禦辦法有時也會帶來一定的副作用。鐮刀形紅細胞貧血症是一種細胞中血紅蛋白(紅細胞中主要的蛋白質，作用是在體內攜帶氧氣)改變造成的疾病，如果不醫治容易造成死亡。它的變化形式(血紅蛋白S)是正常成人血紅蛋白A編碼基因的一種變體形式，兩者之間存在一個DNA字母的差異。為此蛋白編碼的一對基因如果都是S型的話，個體將患上鐮刀形紅細胞貧血症，其紅細胞將變得畸形、造成微血管的堵塞。擁有一個正常的A型基因與一個S型基因的人不會感染疾病，而且對瘧疾的抵抗能力要高於擁有兩個A型基因的人。擁有兩個S型基因會造成的疾病就是人們對瘧疾的抗性所付出的代價，這使得S型基因不能在人群中傳播開來，即使在瘧疾高發地區也是如此。同樣能夠幫助抵禦瘧疾的葡萄糖–6–磷酸脫氫酶變體(見第三章)也伴隨着代價，具有這些變體的人們吃下某些食物或藥物，將導致紅細胞受到損害，而不具抗性的個體則不會發生這種情況。然而，那些沒有代價或代價甚小的瘧疾抗性依然是存在的。達菲陰性血型系統是血紅蛋白的另一種特徵，在非洲的大部分地區廣泛分佈。相較於達菲陽性個體，擁有達菲陰性血型的人們不易感染特定類型的瘧疾。

對於瘧疾的抗性說明了一個普遍的認知，即在同一個選擇壓力下(在上文的例子中是一種嚴重的疾病)，可能會產生不同的響應。有些對瘧疾的響應方式比其他方式要好，因為他們對當事人造成的傷害更小。事實上，在不同人類種群中可以發現許多不同的對於瘧疾具有抗性的遺傳變異，而在某個區域哪些特定類型的突變能夠被選擇確立下來大體上似乎是一個隨機事件。

上文中所討論的實例說明了自然選擇對於人類與動植物生存環境的改變產生的響應。或許出現了一種疾病時，人群中會出現選擇，於是進化出有抗性的個體。又或是一隻蛾子進化出更長的口器從而能夠從花朵中汲取花蜜而不用攜帶花粉，如此一來花朵反過來也會進化出更長的蜜腺管。在這些例子中，自然選擇改變了生物，正如達爾文在1858年提出的設想(見本書第二章所引用的)。然而，自然選擇同時經常會阻止改變的發生。在第三章中對細胞中蛋白質與酶的作用機制進行描述時，我們提到突變會發生並會減弱這些功能。即使在一個穩定的環境中，自然選擇也在一代代個體中發揮作用，對抗着突變基因(這些基因為突變的蛋白質編碼，或是讓它們在錯誤的時間、地點表達，或是表達數量不對)。在每一代中，都會產生具有突變的新個體，但是非突變個體傾向於產生更多後代，因此它們的基因始終最為普遍，而突變個體則在種群

中保持較低的水平。這就是穩定化選擇或者說淨化選擇，它使得一切盡可能好地運行。在血液凝結中的一類蛋白的編碼基因就是其中的一個例子。蛋白序列的某些改變將會導致個體在受傷後無法凝血(血友病)。直到不久之前人們才發現血友病的發病機理，從而能夠通過注射凝血因子蛋白幫助血友病患者。在此之前，這種疾病通常會致死或是嚴重降低生存概率。遺傳醫學家們已經描述了成千上萬種類似的對人體有害的低頻基因變異，涵蓋了每一種能想像到的性狀。

如果環境保持相對穩定，自然選擇有足夠的時間調整生物性狀至能帶來高度適應性的狀態，那麼就發生了穩定化選擇。如今，在生物持續變異的性狀中我們可以探測到這一選擇在發揮作用。人類出生時的體重就是一個例子，相關研究已經十分成熟。即使在新生兒死亡率非常低的今天，中等體重的嬰兒的存活率依然是最高的。不高的新生兒死亡率主要涵蓋那些太小的嬰兒，以及某些太大的嬰兒。穩定化選擇也發生在動物之中，例如在嚴重的暴風過後，存活下來的鳥類和昆蟲的大小都趨向於中等，最小和最大的往往消失。即使是對最適值的微小偏差也可能會降低生存或繁殖的成功率。因此，生物對於它們所生存的環境的適應能力往往驚人是可以理解的。正如我們在第三章中所提到的，有時候，再微小的細節也可能會發揮重要的作用。生物經常能達到接近完美的狀態，例如蝴

蝶偽裝成樹葉或毛毛蟲偽裝成為樹枝這些異常精密的擬態。穩定性選擇同樣解釋了為什麼物種往往顯示不出進化方面的改變;只要生存環境不存在新的挑戰,選擇就傾向於讓事物保持原有的狀態。這樣也就能理解有些生物在很長一段進化時間裏保持穩定的形態,例如被稱作活化石的生物們,它們的現代種類與它們遠古時期的祖先非常相似。

## 性選擇

自然選擇是對適應的解釋中唯一經過實證檢驗的。然而,選擇也不總是增加總生存率或作為整體的種群的後代數量。當資源有限時,能在競爭中佔據優勢的特徵可能會降低所有個體的生存概率。如果最有競爭力的個體種類在種群中普遍出現,那麼整個種群的存活率也許會下降。競爭的這種負面結果不只限於生物學情況。某些侵入式的、低俗的、重複洗腦的廣告也是眾所周知的例子。

生物競爭中廣為人知的例子就是雄性獲取配偶的競爭。在很多動物中,並不是所有可繁殖的雄性都能夠留下後代,只有那些在與其他雄性的鬥爭之中和/或在求愛行為中獲得勝利的才有機會。有些時候,只有「佔據統治地位」的雄性才能獲得雌性的青睞。甚至連雄性果蠅在獲准交配前都需要向雌性求愛——通過跳舞、唱歌(拍擊翅膀獲得的聲音)以及氣味。並不是所

有時候都會成功，這並不意外，因為雌性十分挑剔，而且不會與非同類的雄性進行交配。在許多哺乳動物，例如獅子中，存在着交配權力的等級制度；雌性十分挑剔，雄性個體的繁殖成功率是不同的。因此，自然選擇會青睞那些讓雄性在交配等級中更具優勢或是增強它們對雌性的吸引力的性狀。雄鹿有着巨大的鹿角，它們用鹿角彼此爭鬥，有些物種還有其他恐嚇手段，例如高聲的咆哮。如果這些性狀能夠遺傳(正如我們之前所看到的，這種情況很常見)，有着能幫助它們成功交配的性狀的雄性，會把它們的基因傳遞給許多後代，而其他的雄性的後代則會較少。

在這樣的性選擇中，兩種性別都會進化出相應的特質，這大概也是許多鳥類擁有鮮艷羽毛的原因。然而，對於許多物種而言，這些特質都集中在雄性身上(圖17)，説明它們的此類特質並不只是為了自身更好地適應環境。許多此類的雄性特徵顯然並不能增加生存幾率，反而由於其雄性隱性基因攜帶者的低生存率而常常造成負擔。雄孔雀擁有巨大而絢爛的尾羽，但飛行能力很弱，如果尾巴能夠小一些的話，也許它們能夠更快地從捕食者口下逃脱。對於航空空氣動力學研究而言，孔雀顯然不是理想的研究對象，不過即使對於燕子而言，它的尾巴也比最適宜飛行的長度要長，但長尾巴的雄燕更受雌燕青睞。即使不那麼引人注目的雄性求偶特質也常會帶來更大的風險。例如，某些

熱帶的蛙類在以歌唱求愛時，會被蝙蝠探測到而捕獲。即使沒有這些危險，雄性的求偶行為也將花費大量的精力，而它們本可以把這些精力用在例如覓食等方面，到了交配季節的尾聲，這些雄性往往都處於精疲力竭的狀態。

達爾文意識到了這一點，他認為求偶方面的選擇與其他大部分情形下的選擇不同，進而引入了一個特殊的名詞「性選擇」來強調這一不同。正如我們剛剛討論過的，雄孔雀的尾巴不可能良好適應，原因有二：一是由於客觀原因，這種尾巴對於飛行動物來說看起來不是好的設計；二是由於，如果這是好的，雌孔雀就也會有。因此似乎這種選擇是在孔雀這種交配競爭異常激烈的物種中，用飛行能力的減弱來換取雄性交配幾率的升高。因此，性選擇再一次體現出生物學中使用的「適應」一詞與日常生活中所提到的適應是有所不同的。一隻拖着臃腫尾巴的雄孔雀不「適應」好好飛行或是奔跑(儘管如果它營養不良或是不健康的話也長不出這麼大的尾巴)，但是在進化生物學的簡略表達裏，它是高度「適應」的；沒有了它的大尾巴，雌孔雀就會與其他雄性交配，它的繁殖幾率就下降了。

圖17　性選擇的結果，達爾文《人類起源與性選擇》一書中的插圖。圖片展示了同一品種天堂鳥的雌鳥與雄鳥，圖中可以看出雄鳥羽毛華麗，而雌鳥則缺少裝飾。

第六章
# 物種的形成與分化

　　生物學的常見事實之一就是將生物劃分為可辨識的不同物種。隨便看看生活於歐洲西北部一座小鎮上的鳥類，甚至都可以發現很多種類：知更鳥、烏鶇、畫眉、槲鶇、藍冠山雀、大山雀、鴿子、麻雀、燕雀、八哥，等等。每一個種類都有着與眾不同的身型、羽毛顏色、鳴叫聲、進食和築巢的習慣。在北美東部，可以找到一系列不同但又大致相似的鳥類。同一種類的雄鳥和雌鳥成雙成對，它們的後代當然也跟它們同屬於一個種類。在一個給定的地理位置中，有性繁殖的動植物幾乎總是可以容易地被劃分為不同的群體(雖然有時細緻的觀察所找到的物種只存在很輕微的解剖學上的差異)。由於異種之間並不雜交，所以共同生活在同一地點的不同物種保持着區別。多數生物學家認為不能雜交(生殖隔離)是劃分不同物種的最好標準。對於那些不通過有性繁殖產生後代的生物，比如許多種類的微生物來說，情況就複雜得多。這點我們將在後面再進行探討。

## 物種間差異的本質

儘管，就像習慣於重力一樣，我們習慣於將生物體劃分為獨立的物種，並認為這是理所應當的，但劃分物種並不是顯然有必要的。很容易想像一個不存在如此明顯差異的世界；以上文提到的鳥為例，有可能存在着生物體具有混合的特徵，比如，不同比例混合了知更鳥和畫眉的特徵；對於給定的一對親代來說，按不同比例交配可以產生帶有不同混合特徵的後代。如果沒有不同物種間的雜交繁殖障礙，我們現在所看到的生物多樣性將不復存在，取而代之的是一些接近於連續的形態。事實上，當出於某種原因，已經分離了的物種間的雜交繁殖障礙打破時，確實會產生出如此高度變異的後代。

因而對於進化論者來說，一個根本問題是要解釋物種是如何變得彼此不同的，以及為什麼會存在生殖隔離。這是本章的主題。在開始這個問題之前，我們先介紹一下近緣種被阻止雜交的一些途徑。有時，主要的障礙是物種間生境或繁殖時間的簡單差別。以植物為例，每年都有一段典型的短暫花期，花期沒有重疊的植物顯然不可能雜交。對於動物來說，不同的繁殖場所可以防止不同物種的個體相互交配。即便是有些生物體在同一時間到達了同一地點，那些只有通過對物種生活史的細緻研究才能發現的細微特徵，常常可以阻止不同物種的個體互相交配。生物體的一些細

微特徵只有通過對物種自然史的細緻研究才能發現，這些特徵往往阻止不同物種的個體成功地彼此交配。例如，由於對方沒有恰當的氣味和聲音，一種生物可能不願意去向其他物種的生物求偶，或是所展現出的求愛方式相異。交配上的行為學障礙在許多動物中都很明顯，植物則通過化學手段辨別來自異種生物的花粉並拒絕它。即使發生了交配，來自異種生物的精子也可能無法成功讓雌性的卵子受精。

然而，一些極為近緣的物種間偶爾會發生交配，特別是在沒有同種個體可供選擇的情況下(如第五章中提到的狗、土狼、豺狼)。但在很多此類情形下，雜交第一代常無法發育；異種個體間試驗性交配所產生的雜交體，常會在發育早期死亡，反之，同種個體間交配所產生的大部分後代都可以發育成熟。有些時候，雜交個體能夠生存下來，但要比非雜交體的存活概率低很多。即使雜交體能夠存活下來，通常也是不育的，不會產生能將基因繼續傳遞下去的後代；騾子(馬和驢交配產生的雜交體)就是一個著名的例子。雜交體完全地不能存活或是無法生育顯然可以將兩物種隔離開來。

**雜交繁殖障礙的進化**

儘管人們已熟悉阻礙雜交繁殖的不同途徑，卻仍然困惑於這些途徑是如何進化的。這是了解物種起源

的關鍵。就像達爾文在《物種起源》第九章中指出的那樣，異種交配產生的雜交體不能存活或是無法生育極不可能是自然選擇的直接產物；如果一個個體與異種交配產生出無法存活或無法生育的後代，這對它來說沒有什麼好處。當然，雜交後代不能存活或是無法生育，將有利於避免異種交配，但是對於雜交後代可以很好地生存的情況，就很難看出有任何此類益處了。由此看來，物種因地理或生態分離而彼此隔離之後發生進化改變，異種交配中存在的多數障礙可能是這種進化改變的副產物。

比如說，想像一種生活在加拉帕戈斯群島一個小島上的達爾文雀。假設少量的個體，成功地飛到了先前未被該物種佔領過的另一個小島，並成功地在此棲息繁衍。如果這樣的遷徙是十分稀有的，那麼這些新種群和原始種群將會彼此獨立進化。通過突變、自然選擇和遺傳漂變，兩種群間的基因構成將會分化。這些變化將由種群所處的並開始適應的環境差異來推進。例如，不同島上可供吃種子的鳥類食用的植物有所不同，甚至由於島上食物豐富程度的差異，不同島上的同一種雀鳥喙的尺寸也存在差別。

一個物種的種群會因所處的地理位置而變化，這種變化通常使其適應所處環境——這一趨向叫作地理變異。有關人類的顯而易見的例子，是在不同種族間大量存在的微小的體質差異，以及更小的局部特徵差

別，如皮膚顏色和身高。這種變異性在其他許多生活於廣闊的地域環境裏的動植物中也可以找到。在一個由一系列地域性種群組成的物種中，一些個體通常會在不同地點之間遷移。但不同生物發生遷移的數量差別極大；蝸牛的遷移率非常低，而一些生物體，如鳥或許多會飛的昆蟲，則有着較高的遷移率。如果遷移的個體能夠與到達地的種群雜交繁殖，就能為當地種群貢獻它們的基因組分。因而遷移是一種均質化的力量，與自然選擇或遺傳漂變引起地域種群產生基因分化的趨勢正相反(見第二章)。一個物種的多個種群間或多或少都會發生分化，這取決於遷移的數量及促使地域種群間產生差別的進化動力。強的自然選擇可以導致即便是相鄰的種群也變得不同。例如，鉛礦和銅礦的開採會造成土壤受金屬污染，這對多數植物都有極大的毒害作用，但是，在許多礦山周圍受污染的土地上都進化出了對金屬耐受的植物。如果沒有金屬，耐受植物則生長不良。因而，耐受植物只在礦山上或靠近礦山的地方生長，而生長在遠離礦山的邊緣地帶的植物則劇變為非耐受植物。

在那些不那麼極端的情況下，物種特徵表現出地理性的漸變，這是因為遷移模糊了自然選擇所引起的隨地理環境變化的差異。許多生活在北半球溫帶地區的哺乳動物有着較大的體形。動物的平均體形大小從南至北呈現出或多或少的連續性變化，這很可能是在

寒冷的氣候下，動物為減少熱量損失而選擇較小的表面積和體積之比的反映。出於類似的原因，相較於南方種群，北方種群還傾向於擁有更短的耳朵和四肢。

不同類型的自然選擇，並不是同一個物種各地理隔離種群間出現差異的必要因素。同一種自然選擇有時會導致有差別的響應。比如，像第五章中所描述的那樣，遭受瘧疾感染的地區的人口有着不同的抗瘧疾基因突變。有多種分子途徑可引發抗性。引發抗性的不同突變會在不同地區偶然出現，抗性突變在特定人群中漸漸佔據優勢很大程度上是運氣使然。即便完全沒有自然選擇，由於前文中提到的遺傳漂變的隨機過程，一個物種的不同種群間也會逐步形成差異。許多物種中，不同種群間常常存在着顯著的基因差別，即使是在DNA和蛋白序列的變異沒有影響可見特徵的情況下。在這一點上，人類也不例外。即便在英國，人群中A，B，O血型的出現頻率也有所不同，這取決於單個基因的變異形式。例如，相較於英格蘭南部，O型血人群在威爾士北部和蘇格蘭更為常見。不同血型的出現頻率在更廣泛的區域有着更大的差別。B型血人群在印度部分地區的出現頻率超過了30%，而在美洲原住民中卻極為罕見。

這種地理變異的例子還有很多。儘管主要的種族間存在着可見的差異，但不同人群或種族群體間並沒有生物上的異種繁殖障礙。然而，對於一些物種來

說，在最極端的情況下，同一物種不同種群間的差別大到可能會被認作不同的物種，只不過這兩個極端的種群由一系列彼此雜交繁殖的中間種群相聯繫。甚至還存在這樣的情況：一個物種的極端種群間的差異大到它們之間無法雜交繁殖；如果中間種群滅絕，它們將會構成不同的物種。

這就解釋了一個重要觀點：根據進化論，在生殖隔離形成的過程中，必然存在着過渡階段，因而我們應該至少能夠觀察到一些難以將兩個相關種群進行分類的情況。儘管這給我們將生物按既有方式分類造成了麻煩，但是這是可以預見的進化結果，而且在自然界中也是易見的。兩個地理隔離種群，在產生生殖隔離的進化過程中存在過渡階段的例子有很多。美洲擬暗果蠅是已被人們充分研究的一個例子。這類生活在北美洲和中美洲西海岸的生物，或多或少地連續分佈於從加拿大到危地馬拉一帶，但在哥倫比亞波哥大地區卻存在着一個隔離的種群。波哥大果蠅種群看上去跟其他果蠅種群一模一樣，但是它們的DNA序列卻有輕微的差別。由於序列的差異需要長時間的積累，波哥大種群可能是在約20萬年前由一群遷移到那裏的果蠅形成的。在實驗室，波哥大種群已經可以跟來自其他種群的擬暗果蠅相交配，產生的第一代雜合體雌性是可育的，而以非波哥大種群的雌性作為母代雜交所產生的雄性雜合體卻是不育的。非雜合體雄性不育的

現象在其他有着較大差異的果蠅種群的交配中從未出現過。如果將果蠅主要種群引進波哥大，它們之間想必會自由雜交繁殖，又由於雌性雜合體是可育的，那麼雜交就可以一代代持續下去。因此波哥大種群的與眾不同完全是由於地理隔離造成的。因此，儘管雄性雜合體不育顯現出波哥大種已經開始形成生殖隔離，但並沒有令人信服的理由將波哥大種群單獨視為一個物種。

兩種溝酸漿屬植物花的特徵

| 物種名 | 彩艷龍頭 | 紅龍頭 |
|--------|----------|--------|
| 傳粉者 | 蜜蜂 | 蜂鳥 |
| 花的大小 | 小 | 大 |
| 花型 | 寬，有平底 | 窄，管狀 |
| 花色 | 粉紅 | 紅 |
| 花蜜 | 中等水平，高糖 | 豐富，低糖 |

不難理解，就像加拉帕戈斯雀一樣，為什麼同一物種不同地區的種群，在不同的生活環境下會產生適應各自所處環境的不同特徵。但為什麼這樣會造成雜交繁殖障礙卻不太容易理解。有時這可能是適應不同環境而產生的相當直接的副產品。例如，兩種生長在美國西南部山區的猴面花植物，彩艷龍頭和紅龍頭。和大多數猴面花一樣，彩艷龍頭由蜜蜂授粉，它的花

有着適應蜜蜂授粉的特質(見上表)。與眾不同的是，紅龍頭由蜂鳥授粉，它的花有着利於蜂鳥授粉的幾處不同特徵。紅龍頭可能是由跟彩艷龍頭外觀相近的由蜜蜂授粉的植物，通過改變花的特徵進化而來。

　　兩種猴面花可以實驗性交配，雜合體健康可育，然而在自然界中兩種植物並肩生長卻沒有雜交混合。野外觀察結果顯示，蜜蜂在採集過彩艷龍頭後，極少會再去採集紅龍頭，而蜂鳥在採集過紅龍頭後，極少會再去採集彩艷龍頭。為了查明傳粉者對有着兩種花的特質的植物會如何反應，人工培育了擁有兩親本廣泛的混合特徵的第二代雜交種群，並將其種植在野外環境中。最能促進隔離形成的特徵是花色，紅色可以阻擋蜜蜂而吸引蜂鳥的授粉。其他的特徵可以影響兩授粉者的其中一個。花蜜含量更高的花朵吸引蜂鳥的授粉，而花瓣較大的花朵對蜜蜂的吸引力更大。混有兩種特徵的中間型既可能被蜜蜂授粉，也有可能被蜂鳥授粉，因而與親本物種之間產生了中等程度的隔離。在這個例子中，隨着蜂鳥授粉進化由自然選擇驅動的改變已經使紅龍頭和近緣種彩艷龍頭間產生生殖隔離。

　　雖然在大多數情況下我們不知道究竟是什麼力量促使近緣種的分化，並最終導致了生殖隔離，但是，如果兩個地理隔離種群間存在獨立的進化差異，那麼兩者之間生殖隔離的根源就並不特別令人驚訝。種群

基因構成的每一個變化，必定要麼是自然選擇的結果，要麼是能輕微影響適應性並能通過遺傳漂變擴散出去(在第二章及本章末尾處有討論)。如果變異體因為有更強的使種群適應當地環境的能力而在種群中蔓延開來，當它與未曾自然接觸過的、來自其他種群的基因相結合(通過雜交)時，這種蔓延不會被任何不良影響所阻攔。任何一種自然選擇都不能將地理或生態隔離種群個體間的交配行為的兼容性維持下去，或者使開始在不同種群間分化的基因保持自然進化的和諧關係。就像其他沒有因自然選擇而維持下去的特徵一樣(比如洞棲性動物的眼睛)，雜交繁殖的能力也會隨時間而退化。

如果進化分化程度足夠大，完全的生殖隔離看起來是不可避免的。這並不比英國產的電插頭與歐洲大陸的插座不匹配的事實更讓人驚訝，即便每一種插頭都與相應的插座良好匹配。人們必須持續不斷地努力以確保設計的機器有良好的兼容性，比如為個人計算機和蘋果電腦設計的軟件。種間雜交的遺傳分析顯示，不同物種的確攜帶有一些不同的基因系列，當這些基因在雜合體中混合後，會出現機能失調的狀況。就像上文中提到的那樣，許多異種動物雜交後產生的第一代雄性雜合體不育，但是雌性可育。因而可育的雌性雜合體是有可能和兩個親本物種中的某一個雜交的。通過對此類雜交產生的雄性後代的生育力進行測

試，我們可以研究雄性雜合體不育的遺傳基礎。人們已在果蠅物種身上做了大量這類研究；結果清晰地表明，兩物種不同基因的相互作用是導致雜合不育的原因。例如，在擬暗果蠅的大陸種群和波哥大種群間有差別的基因中，大約15個在兩個種群間有差別的基因看來參與導致了雄性雜合體不育。

兩個種群間產生足夠造成生殖隔離的差異所需要的時間差別很大。擬暗果蠅用了20萬年(超過100萬代)的時間，僅僅產生了很不完全的隔離。在其他例子裏，有證據表明，生活在維多利亞湖的慈鯛科魚類有很快的生殖隔離進化速度。雖然地質證據顯示維多利亞湖形成僅1.46萬年，但有超過500種明顯起源於同一始祖物種的慈鯛魚生活在那裏。這些慈鯛魚生殖隔離的形成很大程度上可以歸因於行為特徵的差異和顏色的差別，它們的DNA序列差別很小。在這個群體中，差不多平均1000年就可以產生一個新的物種，但是，維多利亞湖中的其他魚類並沒有這麼快的進化速度；通常，形成一個新物種可能需要幾萬年的時間。

兩個近緣種群一旦因一種或更多的雜交繁殖障礙而彼此完全隔離，將會一直彼此獨立進化，隨着時間的推移，又會產生分化。自然選擇是產生這種分化的重要原因。就像前文提到過的加拉帕戈斯雀一樣，為了適應不同的生活方式，近緣種通常具有許多不同的構造和行為特徵。然而有時，近緣物種間僅有很少的

地方明顯不同。昆蟲常表現出這一點。例如，擬果蠅和毛里求斯果蠅兩種果蠅有着非常相似的身體結構，表觀上僅雄性生殖器有所不同。然而，它們確確實實是兩種不同的物種，相互之間幾無交配意願。與其類似，人們最近發現，常見的歐洲伏翼蝙蝠應該被分為兩個物種。這兩種蝙蝠在自然條件下並不交配，它們的叫聲以及DNA序列也都不同。相反，如同我們之前提到過的那樣，有許多屬於同一物種但有顯著差異的種群間是可以雜交繁殖的。

這些例子共同說明，兩種群間可觀察的特徵上的差別與生殖隔離的強度之間沒有絕對的相關關係。兩物種間的差異程度，也與距它們之間出現生殖隔離的時間長短沒有密切關係。這一點可以通過以下的例子說明：生活在島嶼上的物種，如加拉帕戈斯雀類，雖然只進化了相對較短的時間，不同的物種間差異卻很大，而與之相較，南非相近的鳥類經過了較長時間的進化，但其中很多鳥類間的差異卻很小(見第四章圖13)。類似地，根據化石記錄，許多生物千百萬年中幾乎沒有變化，隨後急劇轉變為新形式，古生物學家通常將它們認定為新物種。

無論是理論模型還是實驗室實驗都表明，強烈的自然選擇可以在100代甚至更短的時間裏對物種特徵產生深遠的影響(見第五章)。例如，為了增加黑腹果蠅一個種群腹部剛毛的數量，對這種果蠅進行了人為

選擇。80代後，這種選擇導致果蠅腹部平均剛毛數量增加了3倍。與之類似，相較於生活在400萬年(大概20萬代)前類猿的祖先，我們現代人的顱骨平均大小增加了。相反，一旦生活在穩定環境中的生物適應了環境，它們的特徵就不會有太大的變化。通常很難從化石記錄中分辨出，可見的「急劇」進化改變是否就代表了一個新物種(無法與它的祖先雜交繁殖)的起源，或者僅僅是響應環境的變化而進化出的一個新的世系分支。不管是哪種情況，急速的地質變化都是必須的。

最後，對於發生在許多單細胞生物，比如細菌中的無性繁殖，物種又是怎樣定義的？在這裏，根據能否雜交繁殖來定義物種毫無意義。為了在這些情況下進行分類，生物學家只是依據主觀的相似程度的標準：依據具有實際意義的特徵(比如細菌細胞壁的構成)或是更多地依據DNA序列的不同。在進行特徵衡量時，那些十分相似的個體聚為一類，人們將之劃分為同一物種，反之，其他沒有聚成一類的個體，就認為是不同的物種。

## 物種間的分子進化和分化

考慮到兩物種互相分離獨立進化的時間長短和形態特徵的差別大小之間的關係並不規則，生物學家在推斷兩物種的關係時，越來越多地參考不同物種的DNA序列信息。

就如同類比同一個詞在不同但有關聯的語言中的拼寫一樣，人們在不同物種同一基因的序列上也可以發現相同之處和不同之處。例如，英語中的「house」、德語中的「haus」、荷蘭語中的「huis」和丹麥語中的「hus」是同一個意思，發音也很相似。這些詞之間的不同點有兩種。首先，同一位置上的字母不同，如英語的第二個字母是o，而德語則是a。其次，有字母的增加和減少，英語中末尾的e在其他語言中沒有出現，丹麥語比德語少了第二個位置上的a。由於缺少更多的有關語言間歷史關聯的信息，人們很難確切明了這些變化的發展軌跡。儘管人們知道，只有英語的「house」末尾有e的事實強有力地表明了這個e是後來加上去的，而「hus」拼寫最短表明了丹麥語中這個詞元音的缺失。如果對大量的單詞樣本進行這樣的比較，不同語言的不同點就可以用來衡量它們的關係，這些不同點與語言發生分化的時間有着密切的關聯。雖然美式英語從英式英語中分離出來僅有幾百年的時間，但是，包括不同方言的發展在內，兩者間的分化卻很明顯。荷蘭語和德語有着更大的分化，法語和意大利語間的分化更甚。

　　同樣的規則也適用於DNA序列。在這種情況下，對於那些為蛋白質編碼的基因，由DNA單個字母的插入和缺失引起性狀改變的情況是很少見的，因為字符的插入或缺失通常會在很大程度上影響蛋白質氨基酸

序列，使其功能喪失。近緣物種間，基因的編碼序列的變化大多數包括了DNA序列單個字母的變化，比如把G換作了A。圖8的例子中列出了人類、黑猩猩、狗、老鼠和豬的促黑激素受體的部分基因序列。

兩種不同生物的同一類基因的序列差異表現在DNA字母的數量上，通過比較字母數量，人們可以準確地衡量這兩種生物的分化程度，而這種衡量用形態學上的異同是很難做到的。掌握了基因的編碼方式，我們就可以知道哪一種差異改變了與所研究的基因相應的蛋白質序列(置換改變)，哪一種差異沒有引起改變(沉默改變)。例如，圖8中列出的對人類和黑猩猩的促黑激素受體基因序列差異的簡單計數，顯示出所列的120個DNA字母有四種差異。不同物種的全序列(忽略掉小區域的DNA字母增加和減少)與人類的基因序列相比，不同之處的數量如下表所示。

| 與人類相比 | 相同氨基酸(沉默差異) | 不同氨基酸 |
|---|---|---|
| 黑猩猩 | 17 | 9 |
| 狗 | 134 | 53 |
| 老鼠 | 169 | 63 |
| 豬 | 107 | 56 |

最近的研究表明，人類和黑猩猩的53種非編碼DNA序列中有差別的部分佔全部字母的0到2.6%，平均值僅為1.24%(人類和大猩猩之間為1.62%)。這一結果

解釋了為什麼人們認為黑猩猩是我們的近親而大猩猩不是。如果人類跟猩猩比較，差異就更大了，跟狒狒之間的差異更甚。關係更遠的哺乳動物，如肉食動物和齧齒類動物，比靈長類動物跟人類在序列水平上的差異更大；哺乳動物與鳥類的差異，比哺乳動物之間的差異更大，諸如此類，不一而足。序列比較所揭示的關係圖譜，與根據主要動植物物種在化石記錄中出現的時代作出的推測結果大體一致，這一點也和進化論推理結果一致。

這張顯示序列差別的表格表明，沉默改變比置換改變更為常見，即便沉默改變在如黑猩猩和人類這樣非常近緣的物種中也十分少見。顯然，這是因為大部分蛋白質氨基酸序列的改變會在一定程度上損害蛋白質的功能。就像我們在第五章中提到過的，突變造成的不大的有害作用會引起選擇，選擇作用很快將突變體從群體中清除出去。因此，大多數引起蛋白質序列變化的突變不會增加物種間累積的基因序列的進化差異。但是，也有越來越可靠的證據表明，一些氨基酸序列的進化由作用於隨機有利突變的自然選擇所推動，進而引發分子層面的適應性出現。

不同於改變氨基酸的突變常常帶來的有害作用，基因序列的沉默改變對生物功能幾乎沒有影響。由此可以理解，物種間的大部分基因序列差異都是沉默改變。但是，當一個新的沉默改變在種群中出現，它僅

僅是相關基因成千上百萬個副本中的一個(每種群每個體中有兩個副本)。如果一個突變不能為它的攜帶者帶來任何選擇優勢，這一突變又如何能在種群中傳播開來？答案是，有限種群中會出現變異體(遺傳漂變)的頻率發生偶發性變化的現象，這個概念我們在第二章中作了簡單的介紹。

下面介紹這個過程的運作方式。假設我們在對黑腹果蠅的一個種群進行研究。為了種群世代延續，每個成年果蠅平均必須產生兩個子代。假設果蠅種群在眼睛的顏色上有差別，某些攜帶突變基因的個體眼睛是亮紅色的，而不攜帶突變基因的所有其他個體眼睛是通常的暗紅色。如果不管哪種個體都能產生同等數量的後代，那麼在眼睛的顏色上就不存在自然選擇，這種突變的影響就被稱為中性的。因為這種選擇的中性影響，子代從親代繼承的基因是隨機的(如圖18所示)。有些個體沒有後代，而其他個體可能碰巧產生多於兩個的後代。因為不論有無攜帶突變基因，個體產生的子代數量都不可能完全相同，這就意味着，子代中突變基因的頻率將不會與親代一樣。因而在多次傳代過程中，種群的基因構成會出現持續的隨機波動，直到總有一天，或者種群中的所有個體都攜帶有產生亮紅色眼睛的基因，或者這一突變基因從種群中消失、所有個體都帶有產生暗紅色眼睛的基因。在一個小種群中，遺傳漂變的速度很快，不需要多長時間，

種群所有的個體都變成一樣的了。大種群則需要更長的時間來完成這一過程。

這就解釋了遺傳漂變產生的兩類影響。首先，在一個新的變異體漂變至最後從種群中消失或者該變異體最終在種群中100%出現(固定下來)的過程中，受該基因影響的性狀在種群中是多變的。突變引入的新中性變異體，以及遺傳漂變導致的變異體頻率的改變(以及有時發生的變異體基因的消失)決定了種群的多樣性。對不同種群個體的同一基因DNA序列的檢測結果揭示了這一過程所造成的沉默位點的變化性，這一點我們在第五章中有所闡述。

遺傳漂變的第二個影響是，最初非常稀少的、就選擇來說屬於中性的變異體有機會擴散至整個種群、取代其他變異體，儘管它更有可能從種群中丟失。遺傳漂變由此導致兩個隔離種群的進化分離，甚至是在沒有自然選擇作用推動的情況下。這是一個很緩慢的過程。它的速度取決於新的中性突變的出現速度，以及遺傳漂變造成基因更迭的速度。值得注意的是，最終兩物種DNA序列分化的速率只取決於單個DNA字母突變的速率(親代字母變異並傳給子代的頻率)。在這一點上一個直觀的解釋是，如果自然選擇沒有起任何作用，除了序列中突變出現的頻率以及從兩物種最後一位共同祖先到現在所經歷的時間這兩點外，就沒有什麼會影響兩物種間突變差異的數量。大種群每一世

過去

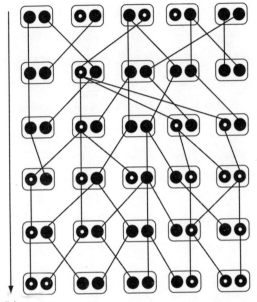

現在

圖18 遺傳漂變。這張圖顯示的是一個基因在有五個個體的種群中,經過六個世代中遺傳漂變的過程。每個個體(以一個空心的形狀表示)有兩個該基因的副本,分別來自親本的一方。個體基因副本的不同DNA序列沒有詳細列出,而用有或無白點的黑色圓盤來表徵。以文中提到過的果蠅為例,白色圓點代表引起亮紅色眼睛的變異基因,黑色圓盤代表暗紅色眼睛的變異基因。第一代中,有三個個體同時擁有一個白色圓點基因和一個黑色圓盤基因。因此,種群中30%的基因為白色圓點基因。圖中顯示了每一代的基因譜系(為了方便,假設個體既可作為雄性也可以作為雌性生殖,就像許多如番茄一樣雌雄同體的植物、如蚯蚓一樣雌雄同體的動物)。出於偶然,一些個體會比其他個體產生更多的後代,而有的個體產生的後代數量則較少,甚至可能沒有存活下來的後代(例如,第二代中最右邊的個體)。因此,每一世代的白色圓點基因和黑色圓盤基因的副本數量會有波動。第二代僅有一個個體攜帶有白色圓點基因,到了第三代有三個個體從這個個體遺傳了該基因,這就使得該類基因的比例從10%提高到了30%;下一代中是50%,等等。

代可以產生更多的新突變，僅僅是因為可能發生突變的個體數量更多。但是就像上文中闡述的那樣，遺傳漂變在小種群中會更快發生。結果是，種群規模所造成的兩方面影響正好相互抵消，因而突變頻率是種群分化速度的決定因素。

這一理論結果對我們判定不同物種間關係的能力有重要啟示。這意味着一個基因的中性變化隨時間而累積，累積的速度取決於基因的突變速度(分子鐘原理，在第三章中有提及，但沒有解釋)。因而基因序列的變化可能是以一種類似時鐘的方式運行，而不是自然選擇造成的特徵變化。形態變化的速度則高度依賴於環境的變化，並且速度可能有變化，方向可能逆轉。

即便是分子鐘也不十分精準。同一個世系內的分子進化速度會隨時間而變化，不同世系間的也是如此。然而，當沒有化石依據的時候，生物學家們可以利用分子鐘粗略地估算不同物種分化的時間。為了對分子鐘進行校準，我們需要一個分化時間已知的最近緣物種的序列。分子鐘最重要的應用之一是確定現代人世系和黑猩猩、大猩猩世系分化的時間，而這一時間沒有獨立的化石依據。利用包含了大量基因序列的分子鐘可以對六七百萬年的時間進行較為可信的估算。因為中性序列進化速度取決於突變速度，而DNA單個字母通過突變發生變化的速度非常低，所以分子

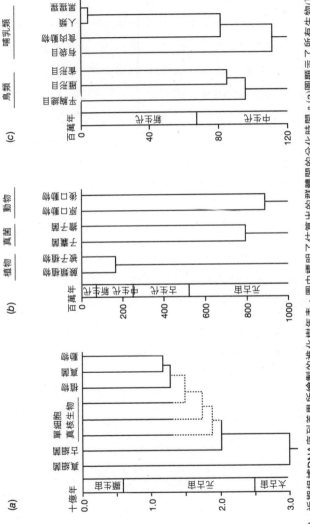

圖19　近期根據DNA序列差異所繪製的進化樹年表，圖中標明了估算出的群體間的分化時間。(a)圖顯示了所有生物(真細菌和古細菌是兩大類細菌；(b)圖顯示了多細胞生物(被子植物是有花植物，子囊菌和擔子菌是主要的真菌；(c)圖顯示了鳥和哺乳動物(平胸總目是鴕鳥及其近緣種，雀形目是會鳴叫的鳥類)。

鐘極其慢。人類和黑猩猩的DNA字母之間存在約1%的不同，這一事實與超過10億年裏單個字母只變化一次相契合。這與實驗測量得到的突變速率的結果一致。

分子鐘也被用於研究蛋白質的氨基酸序列。上文中已經提到過，蛋白質序列進化慢於沉默DNA差異的進化，因而有助於完成一個棘手任務：對分化了很長時間的物種進行比較。在這類物種之間，大量的變化發生在DNA序列的某些位點，因此不可能準確計算出發生突變的數量。致力於重建現有生物主要群體間分化時間的科學家，於是採用了來自緩慢進化着的分子的數據(圖19)。當然這樣的數據只是粗略的估算，但是，通過對多個不同基因的估算累積，可以提高計算過程的準確性。通過對以不同速度進化的基因序列信息的審慎使用，進化生物學家能夠繪製某些生物群體間的關係圖譜，這些生物的最後一位共同祖先生活在距今10億年前甚至更久遠。換言之，我們近乎重建了生命世系樹。

# 第七章
# 一些難題

隨着進化論變得越來越被人們理解，以及不斷被生物學家證實，新的問題出現了。不是所有的問題都已經解決了，爭論始終存在於新老問題之中。在本章中，我們將描述一些表面上很難解釋的生物現象，其中一些達爾文自己已經解決，剩下的則成為了之後研究的主題。

## 複雜的適應性是如何進化的？

自然選擇進化論的批評者經常提及從蛋白分子到單個細胞再進化到眼睛和大腦等複雜生物結構的困難性。一個隻通過自然選擇產生的功能齊全且具有良好適應性的生物機器如何能依靠偶然的突變來運行？理解這些何以發生的關鍵表現在「適應」這個詞的另一層含義中。生物體以及它們複雜的結構的進化過程，就像工程師造機器一樣，許多方面都是先前結構的修改(適應)版本。在製造複雜的機器和設備時，最初不那麼完美的版本隨着時間推移不斷精煉，增加了(適應)新的甚至是完全想像不到的用途。全膝關節置換術的發

展過程就是一個很好的例子：一個粗糙的初始方案足以解決問題，但是被不斷改造得越來越好。與在生物進化中類似，按今天的標準來看，許多早期設計的改變看上去很小，但是每一個變化都是在前一個基礎上的改進，而且可以被膝外科醫生所利用，每一個過程都在複雜的現代人工膝蓋的發展中起了作用。

「設計」被不斷修改完善的過程就像是在大霧天爬山。即使沒有一定要登頂的目的(或者甚至不知道山頂在哪)，但只要遵循一個簡單的原則——每一步都向上——就會離山頂(至少局部的頂點)越來越近。用某種方式簡單地使其中一個構件更好地工作，那麼即使沒有設計師，整個設計最後也有了改進。在工程上，改進的設計通常是不同工程師對機器改進做多重貢獻的結果，最早的汽車設計者看到現代汽車可能會大吃一驚。在自然進化中，改進來自對生物體所謂的「修補」，很小的變化就使這個生物體能更好地生存或繁殖。在一個複雜結構的進化中，許多不同的性狀必然是同時進化的，這樣結構的不同部分才可以很好地適應一個整體的功能。我們在第五章中看到，相對於主要的進化演變所用的時間，有利的性狀，即使它們最初很罕見，也可以在短時間內在種群中擴散。一個已經運作但可以改進的結構體發生連續的小的改變，因此可以產生大的進化演變。在經歷數千年後，可以想像到即使一個複雜結構也會發生徹底改變。足夠長的

時間以後，此結構將在許多不同方面與原始狀態相異，於是後代個體可以擁有祖先從未有過的組合性狀，就像現代汽車與最早的汽車有很多不同點一樣。這不僅是一個理論上的可能性：就像在第五章所描述的，動物和植物育種人經常通過人工選擇來實現這一可能。因此我們不難了解到，這些由許多彼此協調的部件所組成的性狀是如何由自然選擇所引發的。

蛋白質分子的進化有時被認為是一個特別困難的問題。蛋白質結構複雜，每個部位必須相互作用才能正常運轉(許多蛋白質必須也和其他蛋白質和分子(有些情形下包括DNA)相互作用)。進化論必須能夠解釋蛋白質的進化。蛋白質一共有20種不同的氨基酸，因此在一個100個氨基酸長度的蛋白質分子中(比許多實際的蛋白質分子短)，正確的氨基酸出現在特定位置的概率是1/20。如果100個氨基酸隨機混合在一起，那麼序列中每一個位置都有正確的氨基酸、形成一個正常的蛋白質的概率顯然非常小。因此有人聲稱，組裝一個發揮功能的蛋白質和用龍捲風吹過廢品場來組裝一架大型客機的概率差不多。一個發揮功能的蛋白質確實不能通過在序列中每個位置隨機挑選一個氨基酸組裝而成，但是，就像上文中的解釋所闡明的，自然選擇不是這樣工作的。蛋白質最初可能只是幾個氨基酸的短鏈分子，這樣可以使反應快一點，接着在進化中不斷得到改進。我們可以忽略數百萬不發揮作用的潛在

的非功能序列，只要蛋白質序列在進化過程中能比沒有蛋白質的時候為反應提供更好的催化作用，然後不斷地隨着進化時間持續改進。我們很容易在總體上了解到，連續的變化(序列的改變或增長)將如何改進一個蛋白質。

關於蛋白質工作原理的研究成果支持了上述觀點。蛋白質中對其化學活動至關重要的部分通常都是序列裏非常小的一部分；一個典型的酶只有一部分氨基酸與化學物質發揮作用然後改變這種化學物質，其他蛋白鏈大部分只是簡單地提供支架以支撐參與這個作用的部分的結構。這說明一個蛋白質要發揮功能關鍵只取決於小部分氨基酸，因此蛋白質序列的一些很小數量的變化就可以進化出一個新的功能。許多實驗都證實了這一點，這些實驗通過人工誘導蛋白質序列的變化來使它們適應新的功能。我們已經證明，通過這些方式(有時僅僅需要改變一個氨基酸)可以很容易給蛋白質的生物活動帶來劇烈的變化，在自然進化的變化中也有類似的例子。

類似的答案也可用以回答連續酶反應的路徑如何進化，例如那些產生生物體必需的化學物質的酶(見第三章)。有人可能認為，即使最終產物是有用的，由於進化沒有先見之明，無法建立起一個功能完全的連鎖酶反應，因此也不可能進化出這些路徑。這個謎語的答案是顯而易見的。在早期生物的環境中可能存在許

多有用的化學物質，隨着生命不斷進化，這些物質變得稀有了。能夠將一種類似化學物質變成有用化學物質的生物體將會受益，於是酶就會進化以催化這些變化。這時有用的化學物質就可以用相關的物質合成，因此一個有前身和產物的短的生物合成路徑將會受到青睞。通過這樣連續的步驟，從它們的最終產物往後推，就可以進化出能夠為生物體提供必需的化學物質的路徑。

如果複雜的適應，就像進化生物學家提出的那樣，真的是逐步進化的，那麼我們應該可以找到這些性狀進化的中間階段的證據。這樣的證據的來源有兩種：化石記錄裏中間過程的發現，以及具有介於簡單和先進狀態之間的過渡特徵的現存物種。在第四章，我們描述了連接各迥異形式的中間化石，這些化石支持了進化是逐步改變的理論。當然，在很多時候我們無法找到進化的中間生物，尤其是當我們追溯到更為遙遠的年代時。特別是多細胞動物的主要成員，包括軟體動物、節肢動物和脊椎動物，幾乎全部都突然出現在寒武紀(5億多年前)，而且幾乎沒有關於它們祖先的化石證據。關於它們之間的關係，最新的DNA研究有力地證明，早在寒武紀之前這些群體就已經是獨立的世系(圖19)，但是我們沒有任何關於它們形象的信息，可能是因為它們是軟體而不可能變成化石。但是不完全的化石記錄並不意味着中間階段不存在。新的

中間階段的證據正在持續被發現，距今最近的是在中國發現的一塊1.25億年前的哺乳動物化石，它與現代胎盤哺乳動物特徵類似，但是比這個物種之前所知的最古老的化石早了4000萬年。

另一種類型的證據來源於習性的比較，這是我們研究那些沒有變成化石的特徵的唯一途徑。就像達爾文在《物種起源》一書的第六章中指出的那樣，一個簡單但令人信服的例子是飛行。沒有化石連接著蝙蝠和其他哺乳動物，在沉積物中發現的距今6000多萬年的第一批蝙蝠化石，和現代蝙蝠一樣有高度改良的四肢。但是有例子證實一些現代哺乳動物具有滑翔能力卻不會飛。最為人類所熟悉的是鼯鼠，它們與普通松鼠很相似，除了連接前後肢的翼膜。翼膜就像粗糙的翅膀，可以使鼯鼠蕩起來的時候滑行一段距離。在其他哺乳動物——包括所謂的飛狐猴(並不是真正的狐猴，和鼯鼠也無關)——和蜜袋鼯中，相似的滑翔適應性已經獨立進化。蜥蜴、蛇和青蛙的滑行物種也是我們所知道的。很容易想像滑行能力可以減少樹上生活的動物被捕食者抓到或吃掉的風險，因此在樹枝間跳來跳去的動物的身體逐步改變而進化出滑行能力。滑行所用到的皮膚區域逐漸增大，前肢發生改變以適應這種增大，這些都將有利於生存。飛狐猴有一張大得可以從頭部延伸到尾巴的膜，儘管只能滑行不能飛，但和蝙蝠的翅膀很相似。一旦可以高效滑行的翅膀結

構進化形成，翅膀肌肉組織發育並產生動力就不難設想了。

作為另一個複雜適應的例證，達爾文也研究過眼睛的進化。脊椎動物的眼睛是一個高度複雜的結構，在視網膜上有感光細胞，透明的角膜和晶狀體使得圖像可以在視網膜上聚焦，還有可以調整焦距的肌肉。所有脊椎動物的眼睛構造都基本相同，但是在細節上有許多變化以適應不同的生活模式。沒有視網膜，晶狀體似乎毫無作用，反之亦然，那麼這樣一種複雜的器官是怎麼進化出來的？答案是沒有晶狀體時視網膜絕不是無用的。許多種無脊椎動物都擁有不含晶狀體的簡單的眼睛，這些動物不需要看得清楚，眼睛可以感知明暗進而察覺捕食者就足夠了。事實上，在不同的動物中可以看到簡單的感光受體和各種類型可以產生圖像的複雜裝置之間的一系列中間形態(圖20)。甚至單細胞真核生物，也能通過由一群光敏蛋白視紫紅質分子組成的受體感知並回應光。所有動物的眼睛中都含有視紫紅質，在細菌中也能發現。從細胞的這種可以感知光的簡單能力開始，不難想像聚光能力將逐步進化提高，最終成為一個可以聚焦並產生清晰圖像的晶狀體。正如達爾文所說：

在活體中，變異會引起輕微的改變，……自然選擇將嫻熟地挑選每一個改進。讓這個過程持續數

百萬年，在每一年中作用在許多種類的數百萬的個體上；我們有理由相信，一個比玻璃更好的、活的光學器官將由此產生。

## 我們為什麼會衰老？

作為一個整體，年輕的身體令人驚嘆，就像眼睛，是近乎完美的生物機械。但這種「近乎完美」有一個反面的問題，就是它們在生命中持續的時間不長。為什麼進化會允許衰老發生？近乎完美的生物由於衰老而變成自己微弱的影子是詩人們鍾愛的主題，尤其是當他們預見這些將發生在愛人身上：

> 於是我不禁為你的朱顏焦慮：
> 終有天你要加入時光的廢堆，
> 既然美和芳菲都把自己拋棄，
> 眼看着別人生長自己卻枯萎；
> 沒什麼抵擋得住時光的毒手，
> 除了生育，當他來要把你拘走。[1]

——莎士比亞的「十四行詩12」

衰老當然不局限於人類，在幾乎所有的植物或動物中都可以觀察到。為了測定衰老程度，我們可以研究許多置於保護區域中的個體，也就是排除「外部」

---

1　梁宗岱譯文。

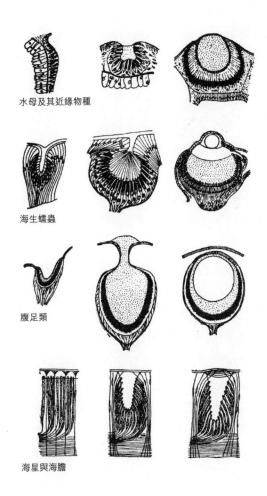

水母及其近緣物種

海生蠕蟲

腹足類

海星與海膽

圖20 各種無脊椎動物的眼睛。從左至右,每一行展示着給定的類別中不同物種由低到高的眼睛類型。例如海生蠕蟲(第二行),左邊的眼睛只由一些光敏和色素細胞組成,有一個透明的圓錐體投射到它們中間。中間的眼睛有一個充滿了透明的膠狀物的腔體和有大量感光細胞的視網膜。右邊的眼睛在腔體前有一個球面透鏡和更多的光受體。

原因比如捕食造成的死亡的環境，這樣生物可以比在自然環境中所活的時間長很多。一直追蹤下去，我們可以測定不同年齡段的死亡率。即使在被保護的環境中，剛出生的個體的死亡率通常也較高；隨着個體長大，死亡率會下降，但成年期之後再次上升。在大多數得到細緻研究的物種中，成年個體的死亡率隨着年齡的增長而穩步上升。然而不同物種的死亡率的模式差別較大。相比人類這樣個體大且壽命長的物種，個體小且壽命短的生物，例如老鼠，在相對年輕時的死亡率高得多。

衰老導致死亡率的上升，這是生物體的多項功能隨着年齡增加而退化的結果：似乎所有的東西都在變糟，從肌肉力量到精神能力。在多細胞生物中幾乎普遍發生的老化(這看似一種退化)與自然選擇導致適應性進化的觀點矛盾，這可能看上去是進化論的一個嚴峻的困境。一種回答是適應性絕不是完美的。在生物體生存所必需的系統中，長期以來累積的損害將不可避免地避免衰老，而自然選擇可能根本無法阻止它發生。實際上，複雜的機器例如汽車的年均故障次數，也會隨着時間增加而增加，這與生物體的死亡率非常類似。

但這不可能是答案的全部。單細胞生物體例如細菌簡單地通過分裂生成子細胞來繁殖，通過這些分裂產生細胞譜系已經持續了數十億年。它們不衰老，但

是持續分解已損壞的組分並用新的替換掉。它們可以無限繁殖下去，前提是自然選擇清除了有害的突變。對一些生物(例如果蠅)人工培養的細胞而言，這也是可能的。多細胞生物的生殖細胞譜系也可以在每一代延續，所以為什麼整個生物體不會維持修復過程？為什麼我們大部分的身體系統顯示出某種衰老？例如，哺乳動物的牙齒隨着年齡增長而磨損，最終導致餓死在自然界。這不是必然的，爬行動物的牙齒可以不斷更新。不同物種的不同衰老速度展示了不同效果的修復過程和隨着年齡增長的保持程度：一隻老鼠最多能活3年，然而一個人可以活超過80年。這些物種差異表明衰老過程也是進化的，因此衰老需要一個進化論的解釋。

在第五章中，我們看到對多細胞生物的自然選擇通過個體對後代貢獻的差異發揮作用，包括它們產生的後代的數量以及生存機會的差異。此外，所有個體都有事故、疾病和捕食導致死亡的風險。即便這些死因發生的概率與年齡無關，生存幾率也隨着年齡的增加而下降，我們和汽車都是這樣：如果從第一年到下一年良好運轉的概率是90%，5年後這個概率是60%，但是50年後就只有0.5%。因此對生存和繁殖的自然選擇傾向於在生命的早期而不是晚期進行，僅僅因為平均來看更多的個體能夠活着感受其有益的效果。事故、疾病和捕食造成的死亡率越高，自然選擇將越強

烈地傾向於生命早期的改進，因為如果這些外部原因造成的死亡率很高，那麼很少有個體可以存活到老年。

這個觀點表明衰老進化是由於與後期的變異相比，在生命早期有更多的有利於生存或繁殖的備選變異。這個概念類似於我們熟悉的人壽保險：如果你年輕，那麼購買一定數量的保險將花費少，因為你可能有許多年是提前支付。自然選擇引起衰老的作用途徑主要有兩種。上面提到的觀點表明，有害的突變如果發生在生命早期，將遭受最強烈的抵抗。選擇能引起衰老的第一種方法是保持種群中很少發生早期突變，同時允許在生命晚期發生變得普遍。許多常見的人類基因疾病確實是由那些在晚年出現有害作用的突變導致的，例如阿爾茲海默症。第二種途徑是，在生命早期帶來有利影響的變異體比只在晚期帶來有利影響的更有可能在整個種群中擴散。生命早期的改進可以進化，即使這些好處是以之後有害的副作用為代價。例如，年輕時高水平的生殖激素可以提高婦女的生育能力，但是之後卻有患乳腺癌和卵巢癌的風險。實驗結果證實了這些預測。例如，通過只用非常老的個體來繁殖，可以保持黑腹果蠅的種群。在幾代之後，這些種群進化出更慢的老齡化，但代價是生命早期的生殖成功率降低了。

衰老的進化理論預測，外因死亡率較低的物種應

該比更高的物種衰老得慢並且壽命更長。軀體大小和衰老速度之間確實有很強的聯繫，軀體較小的動物比大的衰老得快得多，而且生殖時間要早。這可能是由於許多小動物更容易遭受意外事故傷害或被捕食。當我們考慮到被捕食的風險時，具有相似尺寸但野外死亡率不同的動物所具有的迥異的衰老速度往往就容易理解。許多飛行生物以長壽著稱是有道理的，因為飛行是對捕食者很好的防禦。一個相當小的生物，例如鸚鵡，可以比一個人的壽命更長。蝙蝠與同等體重的陸生哺乳動物例如老鼠相比，壽命要長得多。

我們人類自己也可能是進化學中老化速度較慢的一個例證。我們的近親黑猩猩即使在人工飼養環境下也很少有活過50年的，並且比人類更早地繁殖，平均生殖年齡為11歲。因此，從人類和猿偏離我們共同的祖先開始，人類可能大幅降低了老化速度並推遲生殖成熟期。這些改變可能是由於提升的智力和合作能力，它們減少了外部死亡原因的威脅和早期生育的優勢。早期和晚期生育相對優勢的改變可以在當今社會中發現甚至量化。人口普查數據明確表明，工業化導致成年人的死亡率急劇下降，這改變了自然選擇對人類老化過程的影響。不妨考慮一下由罕見的基因突變引起的亨廷頓氏病(退化的大腦失調)，這種病發病較晚(在30歲或者更晚)。在由於疾病和營養不良而死亡率較高的人群中，很少有個體能活到40歲，亨廷頓氏病患

者的後代數量比其他人平均只略少(少9%)。在工業化社會，死亡率很低，人們經常在這種疾病可能發生的年齡才有小孩，結果患病者比不患病者平均少了15%的後代。如果目前的狀況持續，自然選擇會逐步降低在育齡後期起作用的突變基因的出現頻率，老年人的生存率將會提高。罕見但影響重大的基因，例如亨廷頓氏病，對人群整體的影響較小，但是其他許多部分由基因控制的疾病對中老年人的影響很大，包括心臟病和癌症。我們可能希望這些基因的發生率因為這種自然選擇而隨着時間下降。如果工業化社會中低死亡率的特點持續幾個世紀(一個大膽的假設)，那麼將會出現緩慢但是穩定的基因改變，降低衰老速率。

## 不育的社會性昆蟲的進化

進化論的另一個問題是許多類型的社會性動物中存在的不育個體。在社會性的黃蜂、蜜蜂和螞蟻中，巢穴中有一些不生殖的雌性個體，即工蟻或工蜂。生殖的雌性是群體中的極少數(通常只有一個蟻后或蜂后)；雌性工蟻或工蜂照看蟻后或蜂后的後代並維護和建造巢穴。另一種主要類型的社會性昆蟲——白蟻，雄性和雌性都可以成為工蟻。在高級的社會性昆蟲中，通常有幾種不同的「階級」，它們扮演不同的角色，通過行為、大小和身體結構的不同來區分(圖21)。

一個了不起的新發現是，社會性巢居哺乳動物中

的幾個物種與這些昆蟲有類似的社會結構，巢穴中大部分的居住者是不育的。最為人熟知的是裸鼴鼠，非洲南部沙漠地區的一種穴居嚙齒類動物。巢穴中可能居住着幾十個成員，但是只有一個生殖的雌性，如果她死了，其他的雌性通過戰鬥決出勝利者來取代她。擁有不育勞作成員的社會性動物的系統因此進化成完

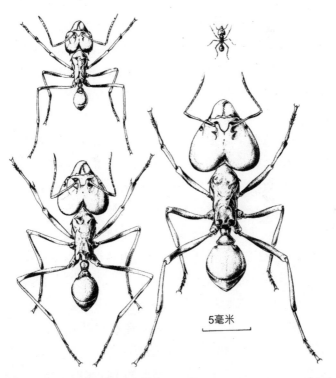

5毫米

圖21　來自同一個群體的切葉蟻屬的工蟻階級。右上角最小的工蟻負責照看切葉蟻耕作的真菌花園，大的則是負責保衛蟻巢的兵蟻。

全不同的動物種群。這些物種給自然選擇理論帶來一個顯而易見的問題：為什麼會進化出失去生殖能力的個體？既然勞作成員自己不生育，因此無法直接接受自然選擇，那麼它們對分工中的專業角色的極端適應是如何進化來的？

達爾文在《物種起源》一書中提及了這些問題，而且回答了部分。答案就是：社會性動物的成員通常都是近親，例如裸鼴鼠或者螞蟻，經常共有同一個母親和父親。基因變異體導致某攜帶者放棄自己的繁殖機會而養育它的親屬，這可能有助於將近親的基因傳遞給下一代，近親的基因通常(由於親緣關係)與施助個體的基因相同(對於一對姐弟或兄妹，如果其中一個從父母那裏遺傳了一個基因變異體，那麼另外一個也有此變異體的概率是50%)。如果不能生育的個體的這種犧牲導致成功生存和繁殖的近親數目增加，那麼這種「勞作基因副本」數目的增加可以超過由於它們自身不能繁殖而導致的數目減少。關係越近，彌補損失所需的量將越少。J.B.S.霍爾丹曾經說過：「為了兩位兄弟或八位表親我願獻出我的生命。」

親緣選擇理論為理解社會性動物中不育的起源提供了架構，現代研究表明它可以解釋動物社會的許多細節，包括那些不像不育昆蟲階級那麼極端的特徵。例如，在一些鳥類中，幼年雄性沒有試圖去交配，而是當年幼的兄弟姐妹需要照顧時，在它們父母的巢中

扮演着幫手的角色。與之類似，豺狗會在其他成員外出捕獵時照顧年幼的個體。

昆蟲不育勞作階級內部的差異是如何出現的，這個問題與上面所提到的問題略有不同，但是它的答案與上文有一定相關性。特定勞作者的發育受環境信號的控制，例如一個幼蟲所得到的食物的數量和質量。然而，對這些環境信號的反應能力卻是基因決定的。一個特定的基因變異體可能讓螞蟻中一個不育成員發展成(比如說)兵蟻(下顎比平常的工蟻大)而不是工蟻。如果有兵蟻的群體可以更好地抵禦敵人，並且帶有這種變異體的群體平均可以繁殖更多，那麼這個變異體將提高群體的成功率。如果群體中繁殖活躍的成員是工蟻的近親，這個引起一些工蟻變成兵蟻的基因變異體將通過蟻后和雄性建立新的群體而傳播開來。自然選擇因此可以提高這個變異體在該物種的群體中出現的概率。

這些觀點同樣解釋了從單細胞祖先到多細胞生物的進化過程。卵子和精子結合而產生的細胞相互間保持聯繫，其中大部分喪失了成為生殖細胞和直接為下一代貢獻的能力。由於所有相關細胞的基因都是相同的，與另一邊的單細胞生物相比，充分提高一部分相關細胞群的生存和繁殖能力將是有利的。非生殖細胞為了整體細胞的利益而「犧牲」了自己的繁殖，有些在發育過程中隨着組織的形成和溶解注定要死亡，大

部分細胞失去了分裂的潛能，就像我們在討論衰老的進化時解釋的那樣。當細胞無視器官的需求而恢復分裂能力時，給生物體造成的嚴重後果表現為癌症。細胞在發育過程中分化成不同的類型類似於社會性昆蟲分化成不同的等級。

## 活細胞的起源與人類意識的起源

進化論中，在生命發展史的兩個極端上，存在另外兩個重要但是很大程度上未解決的問題：活細胞基本特徵的起源和人類意識的起源。與我們剛討論的問題相比，它們是生命史上獨特的事件。它們的獨特性意味着我們不能利用對現存物種的比較來可靠地推論他們是如何發生的。此外，關於生命極早期歷史和人類行為的化石記錄的缺失，意味着我們沒有關於進化事件發生次序的直接信息。這當然不能阻止我們猜測這些可能是什麼，但是這樣的猜測不能用我們已描述過的其他進化問題的解決方法來檢驗。

對於生命的起源，大部分當前研究的目的是找到類似於地球早期普遍條件的情形，這種條件允許能夠自我複製的分子的純化學聚合，正如我們細胞中的DNA在細胞分裂時的自我複製。這種自我複製的分子一旦形成，不難想像不同類型的分子之間的競爭將進化出能更精確和更快速複製的分子，這就是自然選擇作用對它們的改進。通過將簡單分子的溶液(早期地

球上的海洋可能的存在形態)置於電火花和紫外線下照射，化學家們成功地合成了組成生命的基本化學成份(糖、脂肪、氨基酸以及DNA和RNA成份)。不過這些成份如何組裝成類似RNA或DNA的複雜分子，這方面研究進展很有限，而如何使這樣的分子自我複製方面的研究進展則更有限，所以我們還遠未達到預期的目標(但一直在持續進步)。進一步來說，一旦這個目標實現了，還有一個問題必須解決：如何進化出一個原始的基因編碼，使短鏈RNA或DNA序列能夠決定一個簡單的蛋白質鏈。雖然已經有許多的想法，但是至今仍沒有能解決問題的明確方法。

　　類似地，對於人類意識的進化我們也只能猜測。我們甚至很難清晰地表述這個問題的本質，因為眾所周知意識是很難準確定義的。大部分人認為剛出生的嬰兒沒有意識，但很少有人質疑一個兩歲的小孩是有意識的。動物在多大程度上有意識也存在激烈的爭論，但是喜愛寵物者清楚地認識到狗和貓對主人的意願和情緒的反應能力。寵物甚至似乎可以操縱主人去做它們意願中的事情。因此意識可能是一個程度問題，而不是本質，因此原則上很容易想像我們祖先在進化過程中逐步強化自我意識和溝通能力。一些人會認為語言能力是擁有真正意識的最有力的判斷準則，即使這種能力在嬰兒時以驚人的速度逐步發展。進一步來說，有明顯的跡象表明動物具有基本的語言能

力，例如鸚鵡和黑猩猩，它們可以通過學習交流簡單的信息。我們人類與其他高等動物之間實際上的差距沒有表面上那麼明顯。

雖然對於那些推動了人類心理與語言能力(顯然遠超過其他任何動物)進化的選擇性力量的細節，我們一無所知，但是從進化的角度來解釋它們卻沒有任何特別的神秘之處。生物學家在認識大腦的功能方面正取得飛速的進展，毫無疑問心理活動的所有形式都可以用大腦中神經細胞的活動來解釋。這些活動一定受到具體調控大腦發育和運轉的基因的控制；像其他的基因一樣，這些基因也很容易突變，引起自然選擇可以發揮作用的變異。某些基因的突變導致其攜帶者說話語法方面存在缺陷，於是人們能夠識別出與語法控制相關的基因，這一技術已不再是純粹的假想。如今，我們甚至已經弄清引起相關差異的DNA序列中的突變。

# 第八章
## 後記

　　距達爾文和華萊士第一次將他們的想法公之於眾已經140年了，我們對進化了解了多少？正如我們已經看到的，現代進化觀點在許多方面和他們的十分接近，兩者都認為自然選擇是引導結構、功能和行為進化的主要動力。主要的不同點在於，由於在兩方面的進步，相比於20世紀初，人們現在更加相信在自然選擇作用下遺傳物質的隨機突變引發的進化過程。首先，我們有更豐富的數據，展現了在生物組織中，從蛋白分子到複雜的行為模式，每一個水平層面上自然選擇所發揮的作用。其次，我們現在已經理解了對達爾文和華萊士來說還是一個謎的遺傳機制。我們現在詳細地掌握了遺傳的許多重要方面，從遺傳信息是如何儲存在DNA中的，到這些信息又是如何以特定的蛋白質為中間體、通過調節它們的產生水平來控制生物體性狀的。此外，我們現在還知道DNA序列的許多變化幾乎不會影響生物體的功能，因此序列的進化改變可以通過遺傳漂變的隨機過程實現。DNA測序技術使我們能夠研究遺傳物質本身的變異和進化，也能夠

通過序列的差異重建物種間的遺傳譜系。這些遺傳知識，以及我們對自然選擇驅動生物體物理和行為特徵進化的理解，並不意味着能夠對這些特徵的所有方面做出嚴格的遺傳解釋。基因只規定了生物體能夠顯現出來的那部分特徵的可能範圍，實際表達出來的特徵常依賴於生物體所處的特定環境。對於高等動物，學習在行為活動中起重要作用，但是動物可以學習的行為範圍受限於它的大腦結構，而大腦結構又受限於遺傳構成。這一點當然也在跨物種的情況下適用：狗永遠也學不會說人話(人也不能嗅到遠處兔子的氣味)。在人類之中，有強有力的證據表明遺傳和環境因素都是引發心理特徵差異的誘因；如果人類不遵循其他動物所遵循的這一規律，那才令人吃驚。人類的多數變異都存在於同一個區域群體的個體間，不同群體間的差異則少得多。因此，種族是同質的、彼此獨立的存在這種想法是毫無道理的，而某個種族具有遺傳上的「優越性」這一說法更是無稽之談。這是一個科學如何為人們在社會和道德問題上提供決策信息的案例，儘管科學無法直接做出那些決定。

那些我們認為基本上為人類所具有的特徵，比如說話的能力、象徵性思維的能力以及指引家庭和社會關係的情感，必定反映了始於數千萬年前的漫長的自然選擇過程，從那個時候起，我們的祖先開始了社會群體生活。我們在第七章中講到，以社會性群體而居

的動物能夠進化出非完全自私的行為模式，即不會犧牲其他個體以使自己生命延續或繁殖成功。人們很容易認為，這種特徵作為一種對他人的公平感，形成了我們身為社會性動物的進化遺傳的一部分，就像親代對子代的撫育無疑代表了同許多其他動物類似的進化行為。我們再次強調這並不意味着人類行為的所有細節都是受遺傳控制的，或是顯示了可提高人類適應性的特徵。而且，對人類的行為做出的進化上的解釋，是很難加以嚴格測試的。

在進化過程中有進步嗎？答案是有保留的「是的」。複雜的動植物都是由不太複雜的動植物進化而來的，生命的歷史也展示出從簡單的原核單細胞生物體到鳥和哺乳動物的一般進步過程。但是自然選擇進化論並沒有暗示這一過程是不可避免的，細菌顯然還是最豐富和最成功的生命形式之一。這就像是保存了雖然老舊但是仍然有用的工具，比如說現代世界中電腦旁邊的錘子。複雜性會隨進化下降的例子有很多，比如，穴居物種失去視力，或者寄生蟲缺少獨立生存所需要的結構和功能。就像我們已經多次強調的那樣，自然選擇不能預測未來，只能積累在普遍環境中有利的變異體。複雜性的提高可能常會帶來更好的功能，就像眼睛，然後這一功能被選中留存。如果這一功能不再與適應性有關，相關結構的退化就在情理之中。

進化也是冷酷無情的。自然選擇發揮作用，打磨捕食者的捕獵技巧和武器，不管不顧獵物的感覺。它讓寄生蟲進化出入侵宿主的精妙裝置，即使這會引發強烈的痛苦。它引起衰老。自然選擇甚至能讓一個物種進化出低生育率，當環境惡化時，該物種就會走向滅亡。然而，化石記錄和如今驚人豐富的物種所揭示的生命歷史，讓我們對30多億年的進化結果感到驚嘆，儘管這都是「自然之戰、饑餓和死亡」(達爾文語)的結果。對進化的了解讓我們知道了我們在自然界中的真正位置——我們是由冷酷的進化力量所造就的數量極多的生命形式的一部分。這些進化的力量已經給了我們這個物種獨特的推理能力，因此我們可以運用遠見去減輕「自然之戰」。我們應該敬畏進化所造就的東西，保護它們不因我們的貪婪和愚蠢而遭受毀滅，並為我們的後代留存它們。如果我們不去這麼做，和其他許多美妙的生物一起，我們自己也會走向滅絕。

# 推薦閱讀書目

It is well worth reading *On the Origin of Species* by Charles Darwin (John Murray, 1859); the masterly synthesis of innumerable facts on natural history to support the theory of evolution by natural selection is dazzling, and much of what Darwin has to say is still highly relevant. There are many reprints of this available; Harvard University Press have a facsimile of the first (1859) edition, which we used for our quotations.

Jonathan Howard, *Darwin: A Very Short Introduction* (Oxford University Press, 2001) provides an excellent brief survey of Darwin's life and work.

For an excellent discussion of how natural selection can produce the evolution of complex adaptations, see *The Blind Watchmaker. Why The Evidence of Evolution Reveals a Universe without Design* by Richard Dawkins (W.W. Norton, 1996).

*The Selfish Gene* by Richard Dawkins (Oxford University Press, 1990) is a lively account of how modern ideas on natural selection account for a variety of features of living organisms, especially their behaviour.

*Nature's Robots. A History of Proteins* by Charles Tanford and Jacqueline Reynolds (Oxford University Press, 2001) is a lucid history of discoveries concerning the nature and functions of proteins, culminating in the deciphering of the genetic code.

Enrico Coen, *The Art of Genes. How Organisms Make Themselves* (Oxford University Press, 1999) provides an excellent account of how genes control development, with some discussion of evolution.

For an account of the application of evolutionary principles to the study of animal behaviour, see *Survival Strategies* by R. Gadagkar (Harvard University Press, 2001).

Richard Leakey and Roger Lewin, *Origins Reconsidered: In Search of What Makes Us Human* (Time Warner Books, 1993) gives an account of human evolution for the general reader.

J. Weiner, *The Beak of the Finch* (Knopf, 1995) is an excellent account of how work on Darwin's finches has illuminated evolutionary biology.

B. Hölldobler and E. O. Wilson, *Journey to the Ants. A Story of Scientific Exploration* (Harvard University Press, 1994) is a fascinating account of the natural history of ants, and the evolutionary principles guiding the evolution of their diverse forms of social organization.

For a discussion of the fossil evidence for the early evolution of life, and experiments and ideas on the origin of life, *Cradle of Life. The Discovery of Earth's Early Fossils* by J. William Schopf (Princeton University Press, 1999) is recommended.

*The Crucible of Creation* by Simon Conway Morris (Oxford University Press, 1998), which is beautifully illustrated, provides an account of the fossil evidence on the emergence of the major groups of animals.

**More advanced books (these assume an A-level knowledge of biology)**

*Evolutionary Biology* by D. J. Futuyma (Sinauer Associates, 1998) is a detailed and authoritative undergraduate textbook on all aspects of evolution.

And a somewhat less detailed undergraduate textbook of evolutionary biology: *Evolution* by Mark Ridley (Blackwell Science, 1996).

*Evolutionary Genetics* by John Maynard Smith (Oxford University Press, 1998) is an unusually well-written text on how the principles of genetics can be used to understand evolution.

For a comprehensive account of the interpretation of animal behaviour in terms of natural selection, refer to *Behavioural Ecology* by J. R. Krebs and N. B. Davies (Blackwell Science, 1993).